精准教育

发掘孩子的天性与天赋
锁定培养孩子的方向与目标

蔡子申

著

河北科学技术出版社
·石家庄·

图书在版编目（CIP）数据

精准教育 / 蔡子申著. -- 石家庄：河北科学技术出版社, 2023.7

ISBN 978-7-5717-1549-6

Ⅰ.①精… Ⅱ.①蔡… Ⅲ.①家庭教育 Ⅳ.① G78

中国国家版本馆 CIP 数据核字 (2023) 第 095782 号

书　　名：	精准教育
	JINZHUN JIAOYU
作　　者：	蔡子申

选题策划：	北京品雅文化有限公司
责任编辑：	李　虎
特约编辑：	段会敏
责任校对：	徐艳硕
美术编辑：	张　帆
封面设计：	李爱雪
出　　版：	河北科学技术出版社
地　　址：	石家庄市友谊北大街 330 号（邮编：050061）
印　　刷：	中煤（北京）印务有限公司
经　　销：	全国新华书店
开　　本：	710mm × 960mm　　1/16
印　　张：	14
字　　数：	300 千字
版　　次：	2023 年 7 月第 1 版
印　　次：	2023 年 7 月第 1 次印刷
书　　号：	978-7-5717-1549-6
定　　价：	55.00 元

前言 Preface

首先，我想问读者们一个问题：有两只身高、体重相近的动物，一只是体型巨大的鳄鱼，另一只是力气巨大的大黑熊，这两只巨兽如果打起来，谁会赢呢？相信回答鳄鱼和熊的都有。如果我将这个问题加上一个条件——打架的地方在水深三尺之处，相信大多数人会异口同声地回答是鳄鱼。原因很简单，对鳄鱼来说，水深三尺之处是它的优势战场，它得了地利之便，赢的概率自然高了。同样地，当一个人选对了对自己有利的战场时，哪怕实力不如人，仍然是有机会胜出的，正所谓"借力使力不费力"。

在优势战场的观点评估下，原本从事金融管理服务行业的我，在2008年接手开发了15年的天赋测评软件，两年内完成了最后的开发。2010年二女儿出生，我深知家庭教育对孩子的重要性，加上有过往金融行业十多年的培训经验，也算是我的优势战场，最后决定正式踏入天赋教育领域的宣扬与推广。

天赋教育是什么呢？其实就是孔子所说的"天生我材必有用"与"因

材施教"的现代进化版，两者的交点是"材"这个字，不论是我材还是因材，关键在于材是什么，如何分辨，如何擅用它。两千多年来虽有观点，却没有清楚的定义与架构体系，何谈发掘材的工具呢？十年磨一剑，经过十几年的努力，我们终于完善了天赋测评系统与知识理论体系，其中难能可贵的是近十万例的咨询案例，丰富了整个天赋教育的完整性。原本6年前就想将本人所学与团队中的几万例案例整理成册以利知识传播与经验传承，但因才疏学浅未能实现。如今在诸多的案例经验支持下，终能完成此书的创作。本书的优势战场有二，一是理论观点是诸多实例验证的结果，具有可参考性；二是天赋教育不再是空谈，是有测评工具与技术可以支持的。

如果把优势战场的概念放在家庭教育中，协助孩子找到自己的优势战场就是本书阐述的重点。找到孩子的优势战场有诸多好处，父母的教养方式、孩子的认知学习、遇到情绪时的引导、自信与自控力的培养、家庭关系的沟通等将更加精准。找到优势战场更可将学涯、职涯与生涯整合到一条道上来，让孩子少走弯路，正所谓："方向不对努力白费，方向正确成果加倍。"很多在各自领域有杰出成就的人在孩提时就可看出其不凡，年轻时就崭露头角，都是因为早年就开始发掘他们的优势战场。优势战场的核心是：要了解孩子的天性，并且因势利导，发掘孩子的天赋并擅用它。

本书共分为四部分，第一部分为二十大教养观，你做对了多少？首先父母可以通过教养满意度评量表与亲子关系评量表来检核自己在教养上的分数，以供教养参考。其次，这一部分整理了在教学与咨询中，父母们常出现的困惑，包括教养的五大难题、父母的四大焦虑、教养上常见的四大误区以及教养最核心的两件事，并从近十万个咨询案例中收录了经典的十二个案例，这些案例都是这十几年来亲子教育议题的缩影。

第二部分为精准教育，爸妈该知道的事。以"找到最终要做的事，才知道该如何开始"来阐述多数父母常犯的教育错误。教育并不是且战且走，必须一以贯之地将学涯、职涯与生涯规划整合在一起，才能少走弯路，少花冤枉钱。精准教育就像GPS卫星定位系统一样，首先，设定好教育的终点，该往何处去；其次检视孩子的性格特质如何，有何优势天赋。简单地说，就是要知道身处何处，要往哪里去，评估终点与起点之间的距离有多远、难易程度如何，是否可达成。最后才是善用自己先天的天赋与天性加上后天的努力与机遇，创造不凡的成就。成就公式是第二部分的核心。

成就公式：成就＝性格＋才能＋机遇

性格＝天性＋环境＋教育

才能＝天赋＋知识＋技巧

第三部分为"48项智能让天赋与天性有了标准"，对天赋与天性有更明确的定义与详细的说明。48项智能的理论结构是在美国哈佛大学心理学教授霍华德·加德纳（Howard Gardner）提出的多元智能理论的基础上，补其不足，演化而来的。这48项智能共有14亿2000多万种组合，这个部分在将来的书里会有更多的说明与实际运用。目前本书第三部分的内容着重在八大智能的个性特质说明、教养建议与职业发展建议，本部分的内容可配合测评检测结果当工具书使用，这样效果与感受度会更好。

第四部分"擅用天性与天赋成为人生赢家"再次说明人人都想成为赢家，如何事半功倍，关键还是擅用天赋与天性。这一部分分享了几个学员和家长的真实案例，希望对读者们有所帮助。从阅读的有趣性来讲，第四部分更加有趣，读者可以从这部分开始阅读。

最后，我要感谢IGS的所有团队、学员以及客户们，是你们丰富了这套系统，让我有如此多的素材可以编纂成书。同时，希望随着本书的出版，未来将有更多需要了解自己、家人、人际关系、家庭教育的人因此系统而受益。

目录 contents

第一部　二十大教养观，你做对了多少？

第一章　教养的五大难题
一、从没学习过　　　　　　　　　　　　　　006
二、还没准备好　　　　　　　　　　　　　　006
三、不知道如何帮孩子做抉择才是正确的　　　008
四、育儿没耐性　　　　　　　　　　　　　　009
五、体力不足　　　　　　　　　　　　　　　011

第二章　当代父母的四大焦虑
怕孩子比不上别人，失去竞争力　　　　　　　014
怕自己做的不对，影响孩子的未来　　　　　　017
生活在人人缺乏安全感的社会　　　　　　　　017
广泛撒网，重点培养　　　　　　　　　　　　018

第三章　父母在教养上常见的四大误区

孩子是我生的，理所当然"等于我"　　022

对孩子 IQ 的培养远远高于 EQ　　025

忽略孩子喜欢的是什么　　032

无从发掘孩子擅长的是什么　　035

第四章　教养其实就是搞定这两件事

关系力是亲子教养最重要的事　　039

亲子教养的第二件事是学习力　　044

第五章　智慧父母的五张羊皮卷

第一张羊皮卷　教养放轻松，孩子更成功　　050

第二张羊皮卷　抓大放小、适时放手　　051

第三张羊皮卷　喜欢为学习之父　　052

第四张羊皮卷　找到孩子的天赋就对了　　053

第五张羊皮卷　以终为始，立刻行动　　056

第二部　精准教养，父母该知道的事！

第六章　精准教养从"以终为始"开始

在目前的教育环境下，你的孩子快乐吗？　　059

找到最终要做的事，才知道该如何开始！　　061

精准教养就从"以终为始"开始 　　　　　　　063

第七章　精准教养的黄金圈法则
什么是黄金圈法则 　　　　　　　　　　　　066

第八章　精准教养的成就公式
成就 = 性格 + 才能 + 机遇 　　　　　　　　074

《中庸》天命之谓性，率性之谓道，修道之谓教 　　075

性格 = 天性 + 环境 + 教育 　　　　　　　　076

拿破仑：替才能开路 　　　　　　　　　　　079

才能 = 天赋 + 知识 + 技巧 　　　　　　　　080

事在人为，人定胜天 　　　　　　　　　　　086

第九章　永远要做一流的自己，不做二流的别人
做自己的三个层次 　　　　　　　　　　　　089

做自己本来就很难 　　　　　　　　　　　　090

做一流的自己 　　　　　　　　　　　　　　092

我想拿回自己的人生 　　　　　　　　　　　093

一流到三流，你选哪个 　　　　　　　　　　094

优秀还是卓越由天赋决定 　　　　　　　　　096

第十章　发掘天赋与天性，成为卓越快乐的自己
不凡成就的六大元素 　　　　　　　　　　　097

精准教育的关键 　　　　　　　　　　　　　098

擅长不等于喜欢，喜欢未必擅长 　　　　　　099

天资的四种状态	101
将天性与天赋明确化的重要性	103

第三部 48 项智能让天赋与天性有了标准

第十一章 48 项智能的诞生

智能发展的历程	109
关于多元智能	110
发掘多元智能的方法	111
多元智能的贡献	112
多元智能的发展瓶颈	113
48 项天赋智能的诞生	114
48 项天赋智能的基本结构	116

第十二章 八大原智

语文智能	118
逻辑数理智能	122
视觉空间智能	126
自然环境智能	130
音品智能	134
肢体动觉智能	138
人际关系智能	142
自我觉识智能	146

第四部　擅用天性与天赋成为人生赢家

第十三章　选对赛场　自然胜出

选对赛场，自然胜出　　　　　　　　　　　　155

要得第一就做自己最擅长的事　　　　　　　　157

第十四章　补弱是惯性，顺强才是王道

补弱是惯性　　　　　　　　　　　　　　　　159

补弱的三大影响　　　　　　　　　　　　　　161

顺强才是王道　　　　　　　　　　　　　　　164

第十五章　天性与天赋的实证

厌学的孩子怎么办　　　　　　　　　　　　　168

了解，帮助孩子走出生命的阴霾　　　　　　　175

天赋教育是教育的根源　　　　　　　　　　　181

父母是孩子的复印机　　　　　　　　　　　　189

生命的蜕变，靠契机创造奇迹　　　　　　　　198

丢掉药物，还给孩子正常人生　　　　　　　　202

用数字和图表解开心结　　　　　　　　　　　207

第一部
Part 1

二十大教养观，你做对了多少？

第一章　教养的五大难题

满分100，你的教养有几分?

自古以来，中华民族就是一个注重孩子教育的民族，古有孟母三迁，现有"虎爸虎妈"，他们都为了教养孩子而费尽心思。教养和教育绝对不是轻松的事，所以才会有"十年树木，百年树人"这样一句话。

在文章开始之前，我们可以简单地做一下自我测验，了解一下身为父母的我们，教养的满意度会有几分。

◇◇◇◇◇　　父母教养子女满意度评量　　◇◇◇◇◇

亲爱的父母们，你是称职的父母吗？这份问卷可以让你核检自己教养子女的满意度，测测看吧！

◎以下题目有三种选择"是""否""尚可"。

① 你能敏锐地察觉孩子的心情吗？
② 你会经常征询孩子的意见吗？

③ 你的管教态度和配偶是一致的吗？

④ 对孩子的要求，你是否也用同一标准对待自己？

⑤ 对孩子的学习主动性感到满意吗？

⑥ 对孩子的学习或学业成绩满意吗？

⑦ 清楚了解孩子擅长的科目或讨厌的科目吗？

⑧ 清楚孩子每个阶段的学习状态吗？

⑨ 会要求孩子分担家务吗？

⑩ 孩子会主动或固定分担家事吗？

⑪ 每周会有一定的时间和孩子聊聊天，建立亲子关系吗？

⑫ 每个月会安排或创造全家人团聚相处的时间吗？

⑬ 当家中成员生病时，孩子会主动关怀或照顾吗？

⑭ 一年之中，会固定安排几次家庭亲子旅游吗？

⑮ 你有从小教育孩子正确的理财观念吗？

⑯ 孩子有自己的零用钱吗？

⑰ 你满意孩子的用钱观念吗？

⑱ 无论如何，你会尊重孩子如何花钱吗？

⑲ 你满意孩子的体重与体态吗？

⑳ 孩子的运动量是否足够？

㉑ 孩子的睡眠和作息是否良好？

㉒ 孩子的人际关系是否良好？

㉓ 你对孩子的品格教养满意吗？

㉔ 你了解孩子的个性特质与天赋专长吗？

㉕ 孩子对于未来有明确的人生目标吗？

◎ 以上题目选择"是"的得4分，选择"尚可"的得2分，选择"否"的得0分，计算你的分数，得分越高表示你的教养满意度越高。

▶ 得分85～100分，太棒了！你一定是非常称职的父母；
▶ 得分70～84分，平均水平之上，请继续保持；
▶ 得分60～69分，还算合格，可以更好；
▶ 得分60分以下，还有很大的进步空间。

不论自我评量测验后的分数如何，相信以上的问卷带给我们一些反思与感悟。大多数父母在教养子女的过程中，难免会遇到一些挫折、挑战以及教养上的困惑，例如：为何别人家的孩子都很好教，很省心，但是我家的孩子却那么难搞定？用同样的教养方式对待家里的子女，结果却教出不一样的孩子？我按照专家说的教，结果却不如预期？甚至孩子愈教愈叛逆？花在教养上的时间愈多，效果愈不理想？

教养为何不轻松

各位有没有想过，为何我们在成为父母之后才深感教养这件事好难？甚至好多父母在这件事上屡屡受挫，不了解孩子在想什么，最后怀疑起自己的能力或产生了罪疚感呢？总结五大难题如下。

一、从没学习过

回顾我们当学生的时代，从幼儿园开始，小学六年、初中三年、高中三年、大学四年，甚至有些还读了硕士、博士，这一算起码有二十年浸泡在学校教育里，你可能饱读诗书，才华横溢，能力超群，在读书期间学习了很多的知识，但从来没有学过一堂课，那就是：如何成为一个好父母。

以我来说，在得知太太怀第一胎的那一刻，我们夫妻俩才开始学习关于孕期40周内，应该注意母亲与胎儿的事项有哪些。对于稍微有生育计划的新手父母，可能才会事先做怀孕计划，但我想这毕竟是少数。很多第一次当爸妈的朋友，想必和我的经验很相似吧。是不是孩子生下来之后，越来越多的问题不知道该怎么解决，我们才被动式开始追赶学习如何哺喂和养育孩子？当孩子即将迈入教育的学习年纪，爸妈们又再度被迫学习如何教养孩子？

仔细回想我所受过的教育，没有一堂课来教导我们应该如何成为好父母，所以现代父母面对教养的问题，真的一点也不轻松！

二、还没准备好

近十年来在受邀参加海峡两岸亲子教养论坛或讲座时，我总会做一项非正式的调查，统计在座的学员——"已经做好万全准备成为好父母的请举手"，举手的只有寥寥几人，答案是肯定的，大部分的父母并不确定自己真的已经准备好了,也有一些父母心想"照书养就好了"。其实,每个孩子都不一样。

分享一个真实案例。

◇◇◇◇◇ 案例1　不能用同一种方法去教育每个孩子 ◇◇◇◇◇

姐姐小芬从小品学兼优,独立自主,从不让独自抚养她们两姐妹长大的妈妈担心,小芬也一直是母亲的骄傲,在传统的升学考试制度下,顺利考取最好的高中,大学毕业后也顺利进入公立大学的医学院、研究所。

妹妹小莉的表现,相对于姐姐小芬正好是妈妈心中的痛,从小成绩总在及格边缘,学习从没让妈妈省心过,但是小莉却是善解人意又贴心的女儿,不像姐姐小芬除了读书求学外,其他的似乎什么也不会,很多家事由小莉分担。

看似一切顺利的姐姐小芬传来一个好消息!受美国排名前十大名校之一的大学邀请公费攻读博士,并且有不错的奖学金待遇进入抗癌实验室担任研究员,一路走来,顺风顺水的小芬却犹豫了,不敢做决定!妈妈心想栽培了二十几年,总算要开花结果了,就等光宗耀祖,别人求都求不来的好事有什么可犹豫的,母女俩也因为这事吵了起来!

最后,在朋友的介绍下来到机构,经由测评与咨询终于找到小芬抗拒邀请的原因并获得解决。同时,妹妹小莉在探索天赋咨询下,也找到了自己的天赋优势与自信心。当然,最值得开心

> 的还是这位独自抚养两个女儿的妈妈，找到了教养上的真相，那就是小芬天生是学霸，妈妈只要当顾问型父母即可；小莉的特质却是需要妈妈扮演教练型父母来陪伴孩子。同时妈妈有感而发地说："不管教养过几个孩子，从来就没有'我已经准备好了'这回事，因为对不同的人，就应该有不同的教养方式。"

三、不知道如何帮孩子做抉择才是正确的

当孩子到了上学的年纪，父母也进入另外一个学习层面的抉择难题，例如：

- ▶ 究竟如何选幼儿园，公立还是私立？要不要选双语幼儿园？
- ▶ 如何选择就读的学校，找好学区？还是离家近好？
- ▶ 如何帮孩子选择适合他的专业幼儿园？
- ▶ 如何帮孩子选择他的兴趣才艺？

以下分享一个真实案例。

> **案例2　每个孩子都有他最适合的教学模式**
>
> 永宁是一名全职家庭主妇，也是两个孩子的妈妈，她非常注重孩子的教育。在孩子出生前就做了许多育儿相关知识的准备，她找遍了家附近所有的幼儿园，同时分析了每个幼儿园的优劣，但还是不知所措。这时在朋友的推荐下做了测评咨询。测评结果发现，姐

姐是一位肢体动觉智能高的孩子，适合体觉型的学习风格。于是在我们的建议下，永宁给姐姐选择了蒙特梭利的教学模式。

一年过去了，姐姐适得其所地找到适合自己的学习模式，学习状况良好。

又过了一年，弟弟也到了适学年龄准备进入幼儿园。一般人会认为姐姐读得好好的，弟弟也可以进同一家幼儿园，但妈妈永宁以平常对弟弟的了解，觉得弟弟的学习风格未必适合蒙特梭利幼儿园的教学模式，犹豫之下又再度寻求测评咨询的帮助。

果不其然，每个孩子都不一样。弟弟确实不太适合蒙特梭利，反而更适合华德福的教学体系。虽然交通不便，但妈妈还是笃定地帮弟弟选择了华德福的幼儿园体系。

多年后的追踪确实证明了适合两个孩子的学习风格各有不同，妈妈也幸运地找到了适合孩子们的教学体系。

父母常为了帮孩子做各种选择的不确定性而焦虑，一来是怕选择错，二来不知道该如何选择。在上述案例中，我们可以发现每个孩子都有适合他的教学模式，而怎么找到，是父母的必修课。

四、育儿没耐性

相信父母都同意"生儿容易，养儿难"的说法，但我想说的是"养儿容易，育儿难"。育儿，需要父母有很大的耐性，因为每个孩子都有其独立的个性和气质，有些孩子乖巧温顺，有些孩子就是磨人精。孩子虽然可爱，但当他调皮捣蛋不听话时，考验的就是父母的耐性和脾气了。另外，孩子在学习阶段，有些还不太会表达自己的想法，若是父母没耐性，就可能会出现打骂孩子的行为。

哪个父母不爱自己的孩子呢？有些家长打完孩子后，又万分懊悔，如此内心交杂的为难，还可能不断重复出现在某些家庭里。根据过去家庭咨询辅导的经验，我发现在八大原智中（后面第三章会提及），肢体动觉加逻辑分数高的人比较有耐性（适合从事护理、幼教等相关工作），逻辑分数低的人很有创意点子，但在带养孩子时，容易怕麻烦，没耐性。这并不是说他不爱孩子，而是先天性格使然。父母到底该如何做？

我们若能了解自己的性格，就可以更清楚没耐性的父母在教养上的确会是一大挑战。以逻辑智能低的人为例，平常喜欢和孩子互动，但孩子一直哭闹不休时，就会感到烦躁不安，立刻请其他人来接手安抚孩子。

以下就是一个在教养上的真实案例。

案例3　当急惊风遇上慢郎中

小琳是个急性子，说话快，做事快，喜欢同一时间做多件事，可以达到节省时间的目的，总结就是做事有效率但没耐性。偏偏她的老公艾伦却是个慢郎中，做事总是瞻前顾后，非得明了事情的前因后果，计划周全后才肯采取行动。

为此，夫妻间常常因生活上的小事起争执，当然教养子女也常是争吵的原因之一。例如，有一天，孩子作业写到一半，转头问爸爸某个字怎么写，爸爸心想：学习应该"知其然"且"知其所以然"，于是回应孩子："你可以自己试着查字典，自己要学会解决问题。"这时妈妈小琳听到，便马上将孩子问的字写给孩子看。当下爸爸很生气，认为小琳剥夺了孩子的学习过程，怒斥小琳："今天你写给他，没有内化的学习过程，他明天就忘了。你是帮他还是害他？"而小琳更是没好气地埋怨艾伦："这么简单的事也不愿帮助孩子。"

后来因缘际会，小琳为一家人做了测评后发现，原来自己和孩子都属于逻辑智能低的特质，比较没耐性，而全家人只有艾伦的逻辑智能是高的，凡事按部就班，耐性十足，处事决策模式与小琳大不相同。

咨询后，一家人更了解彼此，懂得彼此包容，更懂得分工，善用彼此的优点。当了解彼此之后，这对"急惊风与慢郎中"不但摩擦减少了，而且更加理解、欣赏彼此，发挥互补的功效，家庭生活融洽美满。

五、体力不足

随着时代环境不同，现代人有的不考虑生育，有的则晚育，34岁以上的高龄产妇越来越多。对于老来得子的熟龄父母来说，孩子的出现就像收到圣诞老公公送来的一份礼物令人惊喜。活泼好动是孩子的本能，但随着孩子年龄渐增，体力不足往往让父母在陪伴上力不从心。另外，因体力不足造成的没耐性，也会引起父母教养上的情绪失衡，对孩子的成长及亲子关系都会有影响。

案例4　隔代教养的难题

小智从小生长在爷爷、奶奶、爸爸、妈妈疼爱的家庭里，由于父母需要工作，小智从小由爷爷、奶奶负责照顾。心疼孙子的爷爷、奶奶，总是抱着小智不离手，一岁前从未让他下过地，更别说在地上爬了。

随着小智逐渐长大，家人发现他的学习比一般孩子慢，正常发展的孩子能轻松做到的动作，在小智身上成了苦差事。经检查后发现孩子有发育迟缓及学习障碍的情况。大人们检讨原因后得知：虽然爷爷奶奶细心呵护、照顾孙子，但老人家的体力不比年轻父母，而且过度保护小智，什么事也不让他做，小智除了缺乏感统的训练，也少了敏感期的各种刺激，造成发展迟缓及学习障碍的情况。

了解这个情况后，大人们重新思考、通盘检讨孩子的教养策略，为小智制作天赋测评与安排教养咨询建议，得知小智是自我觉识智能高的特质，从小喜欢一个人玩，不喜欢社交却喜欢独处而且是自在的，经常一个人捧着书本，埋在自己的舒适世界里。另外，自然环境智能高的特质让小智喜欢阅读与动物相关的书籍。过去家人百思不得其解，现在在教养咨询过程中逐步找到答案。甚至，小智在将来上大学选择科系时也有了参考的方向，那就是医学院。全家人对孩子的未来规划有了方向，心也安定了许多。

上述几点教养的不轻松，可能只是冰山一角，不管过去你是照书养，还是照猪养型式的父母，焦虑都是必然的。接下来，让我们看看当代父母为何会如此焦虑吧！

第二章　当代父母的四大焦虑

英雄不论出身，只要寒窗苦读就有功成名就的机会，古时对于家境贫困的孩子来说，科举考试成了光宗耀祖的唯一机会。时至今日，"万般皆下品，唯有读书高"的观念仍然深深影响着新一代父母，他们十分重视孩子的教育，从而衍生出竞争激烈的育儿环境，让父母们对孩子教育充满焦虑。例如，目前流行什么学习法都得抢先知道和进入，甚至随着环境变迁，焦虑感逐年递增而丝毫未减。我发现有以下几个现象导致父母焦虑。

怕孩子比不上别人，失去竞争力

望子成龙，望女成凤，所有父母都希望自己的孩子优秀，比别人表现更好，也希望将来他可以更具竞争力，总担心孩子输在起跑线上。如果孩子的表现处处比不上别人，父母就会焦虑。以下案例体现的社会现象就是怕孩子比不上别人，失去竞争力的最好写照。

案例5　赢在起跑线的超前部署

自圆圆怀孕的那一刻起，她既开心又忧心，开心的是即将迎来新生命，忧心的是孩子的教养问题、升学问题、就业问题、竞争问题……回想自己成长遇到的那些不如意就莫名焦虑，特别心急，想着应该替孩子超前部署，好好规划一下"人生成长计划"，让孩子赢在起跑线上，可以少走弯路。

圆圆在坐月子期间，就迫不及待地帮宝宝做了一份天赋测评，向专业老师咨询后，了解孩子天赋特长有三大重点：

一是高肢体动觉智能：体能好，重在培养运动能力。

二是高逻辑数理智能：小心谨慎，注重安全感、次序感。

三是未来在教养重心上，无须担心IQ发展，应着重管理EQ。

咨询后，圆圆在教养上已有全盘计划，从关注孩子的感统发展、敏感期、情绪的疏导及适性的兴趣与运动的培养都希望可以做到因材施教，甚至预计孩子几岁进行早教，何时进幼儿园，上哪一类型或特色的幼儿园都了然于心。虽然孩子未来的路还很长，但是圆圆再也不用担心孩子比不上别人，从怀孕的那一刻起就做足了准备，真是超前部署。

1.孩子的书包越背越重

现代社会，父母总是担心孩子输在起跑线，于是让孩子从小就开始补习，上各种才艺班，即使是刚入学的孩子，书包也越背越重！

记得我上初中时才开始接触英语，现在的孩子不只从幼儿园开始学英语，甚至有些孩子在牙牙学语阶段就开始学了。稚嫩的幼儿园孩子，书包装得满满的，其背后的原因就是父母怕孩子跟不上别人，失去竞争力，但孩子的书包重量真的和学习成正比吗？

2.从幼教到早教，学习年龄越来越早

时代环境骤变，现在的孩子幼儿园放学后又来到早教中心（早期教育）。部分早教机构可以接收2~6岁的孩子，走路还不稳、发育尚未完善的2岁幼儿就要被迫过着和大人一样"上班"的生活了。虽然早期教育在某些学理上有其优点，但若太偏教育导向就失去意义了。

3.私立学校、贵族学校、国际学校林立

有些家长生怕传统教育满足不了孩子的教育需求，因此私立学校、贵族学校、国际学校应运而生，这就是市场抓住了父母"宁可做好准备也不要落后"的心态。

4.课后班把孩子的学习时间排满

看看周围亲朋好友的孩子，放学后没有去补习或加强才艺的有几个人呢？虽然我家孩子的课后学习也不少，但其中最大的差异是孩子自己乐于学习，而不是我们强迫来的。

5.学区房的房价总是居高不下

孟母之所以三迁,就是考量学习环境的重要性。现在的家长,为孩子的升学之路操碎了心,绞尽脑汁让孩子赢在起跑线,想尽办法挤入学区。如果买不起学区房,甚至拜托亲朋好友迁入户籍,无不都是为了孩子的升学铺路。

怕自己做的不对,影响孩子的未来

很多事情可以重来,但是孩子的成长学习过程无法重来,有些父母担心自己做的决策不对而焦虑紧张,甚至担心自己的焦虑情绪会影响孩子。此外,有些父母还会有"情绪"议题,讨论夫妻俩对孩子教育上的不确定,也就是我在一开始提及教养不轻松的那几点焦虑感:"没学过""没准备好""不知道怎么做""不知道何者才是正确",引发夫妻之间意见不合与争执。或许,这也是许多家庭里常见的隐忧。

生活在人人缺乏安全感的社会

我做了十几年的家庭教育咨询辅导工作,很明显感受到现代人普遍安全感缺失。造成安全感缺乏的原因如下:

环境因素:科技进步迅速,加快了生活的步调。

生活形态:现代的生活总有付不完的费用,手机、网络、管理费等支出，压得许多人喘不过气来。

产业转型与升级的周期太快：有些产业以前的周期较长，十多年后才会面临转型问题，现在则是两年内不改变或是来不及准备，可能就会面临破产。有些专业待孩子毕业后，甚至没有对口的产业可以上班。

整体来说，对现在生活及未来的不确定性，造成时下父母普遍缺乏安全感。

广泛撒网，重点培养

> ◇◇◇ 案例6　广泛撒网，重点培养，让孩子有上不完的课　◇◇◇
>
> 谅谅是个6岁的孩子，平时除白天上幼儿园外，晚上和周末、假期妈妈会给他安排一些才艺班或在线课程，诸如英文班、舞蹈班、儿童程序设计班、钢琴班、游泳班、围棋班、陶艺制作、口语表达、感觉统合……只要你想得到的，妈妈几乎都给谅谅报过，一周除了幼儿园课程外，总会维持近10个课后班。
>
> 可想而知，母子间最大的冲突就是因为学习。每当有新的课程要学时，起初，天生的好奇心使然，谅谅学习还算主动，但随着有上不完的课程加上学习的压力，谅谅慢慢失去了学习的热情，甚至以闹脾气、假装生病逃课。长此以往，一幕幕上课的亲子攻防剧情在谅谅家持续上演。
>
> 谅谅学习情绪持续低落，妈妈不得不到机构咨询如何让谅谅

重拾学习的乐趣与动机，协助谅谅找到他擅长与喜欢的课，并做出轻重缓急的排序与取舍。

在了解全家的天赋测评报告内容并与孩子讨论后，妈妈帮谅谅取消了一些目前不必要的课，并且参照谅谅的天赋特长与天性特质安排了烘焙课程。神奇的是，谅谅竟然在烘焙课中展现出了天赋、学习热情与自信。此后，其他的课程学习效能也逐步改善，妈妈开心地直呼真是太神奇了。

在经济条件允许下，广泛撒网，重点培养，成为现代父母培养孩子的手段。多数父母在不知孩子擅长什么，喜欢什么的情况下，就用钱和时间盲目地尝试各种学习课程，犹如大海撒网捕鱼，能捞到几条是几条，苦了大人也累了孩子。

父母的教育焦虑也常常反映在朋友圈里，只要听起来对孩子教育是好的机会，父母宁愿错也不放过。或许，这已是现代父母感受到压力而普遍具有的心理，别人家的孩子正在学什么，就盲目跟风让孩子学，生怕自己的孩子遗漏没学到。

曾几何时，现代父母栽培孩子已成为走马看花、短视，只想知道哪个最有成效，可以花钱投资。孩子学了这个学那个，有时不尽如人意，花了冤枉钱，还浪费时间，重点是孩子真的喜欢吗？最糟糕的是，孩子在挫折中失去学习的欲望，他可能正在学不喜欢也不擅长的东西而导致缺乏学习兴趣，最后还可能反过来责怪父母，都是父母逼着他学的。

上述四个焦虑来源，无形中使父母希望有更好的方法来教养孩子，一来期盼孩子不再有当年自己就学时的遗憾，例如学习资源匮乏，不懂把握时间等，二来希望自己有能力给足孩子更多的资源及选择。可惜的是，父母有时用错方式而不自知。倘若早点知道孩子擅长和喜欢的方面，你愿意给自己和孩子不一样的尝试吗？或许可以降低不断失误的几率，还可能为你和孩子创造出双赢局面。

第三章　父母在教养上常见的四大误区

前面提到，我们都是在自己成为父母之后，才开始学习如何成为好父母的课题。因此，我们在教养孩子时不可能做任何决策都正确无误，况且人无完人，孰能无过？在教养上，父母的责任感引发了"求好心切"，都希望自己的教养能支持孩子的成长。

但我们不得不承认，教养孩子难上加难，皆有可能犯大大小小的错误，说不定常常在生活里上演而不自知，直到我们找出问题根源，才得以放下一颗担忧的心。以养育来说，孩子出现皮肤过敏，一开始我们都会很自然地从食物着手，想想孩子可能吃了什么引起过敏的食物，或是可能接触了易过敏的材质，如毛绒玩具等，想尽办法从各方面找原因。但是，最后原因却出在不可抗拒的遗传因素上，只能耐心等待孩子长大，体质改善和免疫力增强后才会逐渐好转。

回到教养上，相信很多父母和我一样也犯下大小不同的错误。在咨询辅导家庭教育时，最常出现的四个误区有四个：

①孩子是我生的，理所当然"等于我"。

②投入在孩子IQ的培养上远远高于EQ。

③忽略孩子喜欢的是什么。

④无从发掘孩子擅长的是什么。

孩子是我生的，理所当然"等于我"

在咨询辅导的众多个案中，经非正式的调查发现，超过一半的父母都有"你是我生的，你等于我"的思维。因此，不论孩子的喜好、擅长的方面、表现优不优越等和父母相类似时，父母皆认为是理所当然。事实上，不尽如此，在我接触咨询辅导的个案中，有些亲子冲突的起源多来自父母和孩子性格和认知的不同，导致日后在兴趣或职业选择上有所冲突。仔细深究，原因就在于，父母忽略了每个孩子都有其不同的天性和天赋。

在此，我想和大家分享一位妈妈帮孩子安排才艺课的小故事，或许让能父母更明白一个人天性和天赋的重要性。

◇◇◇◇ **案例7　妈妈，其实你不是我，也不等于我** ◇◇◇◇

在案例6中，我想补充谅谅妈如何帮儿子选择才艺班的过程。

这要从谅谅妈——蜜雪的成长与求学过程开始谈起，蜜雪的父亲是公务人员，她从小生活在不算太好却也不差的小康家庭中，这让蜜雪的成长与求学过程一直顺风顺水。她从小听话，是父母心中的乖女儿，直到高中毕业，考大学选择就读的专业时，父女俩才有了较大的分歧，这是蜜雪在成长的记忆中，第二次和父亲有过的比较大的冲突。虽然蜜雪最后听从父亲的建议，选择和父亲专长相同的化学工程科就读，但是心中对自己的选择一直没有真正放下。第一次和爸爸的冲突是小时候闹着要学钢琴，经过多次向爸爸争取，用尽各种方式哭闹，最后爸爸还是没有同意。

时过境迁，蜜雪已为人母，随着谅谅的长大，开始进入学习才艺的年龄阶段，你猜？谅谅妈如何帮孩子做选择？

蜜雪认为"孩子是我生的，理所当然'等于我'，我一定不会让你像我小时候那样，想要的东西没有得到满足"。因此，谅谅的第一个才艺班就是学钢琴，不仅如此，蜜雪为了陪伴孩子学习，自己也一起报了钢琴课。

蜜雪在上钢琴课时，总是无比投入，认真练习，享受学习的乐趣与成果。反观谅谅并没有那么大的学习热情，学习上总是遇到障碍，钢琴对他来说既不擅长也不喜欢。母子因学钢琴这件事而冲突不断，正当苦无解决方法之际，全家的天赋测评报告与教养咨询解决了以上问题，也解开了很多疑惑，例如：蜜雪喜欢弹钢琴绝大部分是天性使然，而谅谅既不擅长也不喜欢学钢琴也是天性使然，从测评来看，母子的音品智能一个是高的，另一个却是低的。（参考24页图）蜜雪大学时就读的科系并不是她喜欢与擅长的，所以当她得知怀孕时，就毅然决然地辞掉国际化工大厂优渥待遇的工作，选择她更擅长也更喜欢的教育工作，专心教养自己的孩子。

案例谈到这里，无论是蜜雪的成长历程还是谅谅的成长历程，都犯了父母常犯的错误，那就是"孩子是我生的，理所当然'等于我'"。

70.14
语文智能

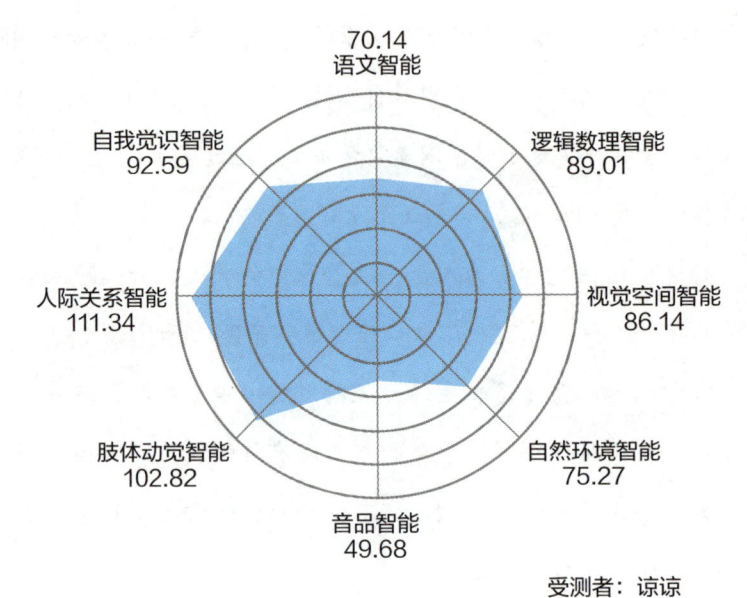

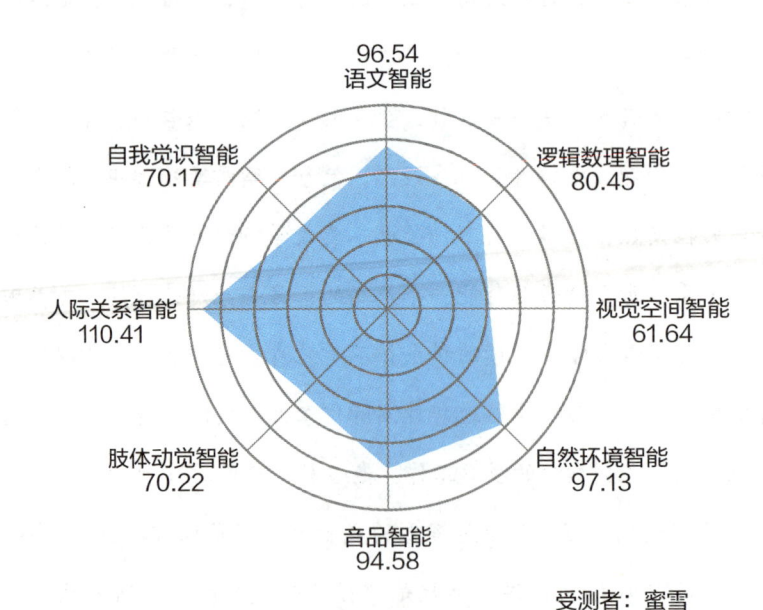

逻辑数理智能
89.01

自我觉识智能
92.59

视觉空间智能
86.14

人际关系智能
111.34

自然环境智能
75.27

肢体动觉智能
102.82

音品智能
49.68

受测者：谅谅

谅谅的八大原智图

96.54
语文智能

逻辑数理智能
80.45

自我觉识智能
70.17

视觉空间智能
61.64

人际关系智能
110.41

自然环境智能
97.13

肢体动觉智能
70.22

音品智能
94.58

受测者：蜜雪

蜜雪的八大原智图

对孩子IQ的培养远远高于EQ

相信大家都听过IQ与EQ这两个名词，但是你对它们深入了解过吗？世界上第一个智力量表——比西量表（Binet-Simon Scale）提出于1905年，它是由法国心理学家比奈（Binet Alfred）和其助手西蒙（Theodore Simon）共同编制而成的，这是世界上第一套智力测验。同时，这也开启了学生在学习能力上智力参考的重要性。

在台湾省，相信目前40岁以上的父母在小时候或是升中学时，一定都做过智力测验。当时谁的IQ分数高，都会在同学之间掀起一阵讨论，报以羡慕的眼光，认为他聪明过人，各方面的学习快、能力强，甚至以后的人生很可能比一般人成功。

IQ的重要性流行近百年，直到1990年以后，被尊称为EQ之父的哈佛大学心理学博士丹尼尔·高曼（Daniel Goleman）著有《情绪智商》（*EQ, Emotional Intelligence*），《EQ Ⅱ：工作EQ》等心理、脑科学以及与情商系列相关的十余本畅销著作，开启了EQ比IQ更重要的新纪元。

研究显示，在校成绩优异、IQ高，并不等于未来就是人生赢家，也不能保证在事业或专业领域获得成功。高曼提出认识自我、管理情绪、激励自己、认知他人情绪，以及人际关系社交技巧相关的能力——EQ（情绪智力与社会能力），才是决定个人成功、快乐与否的关键，而EQ不但可以学习，还可以从小开始培养。

承上所述，即使我们都认同EQ比IQ重要许多，但许多父母还是把很多资源投入在孩子IQ的培养上，花费的时间、金钱、心力远远高于EQ培养，例如培养孩子的人际关系、积极主动性、乐观等特质。为何会有如此大的差异呢？我有以下的几点看法。

1.IQ的培养成效表现在学习成绩上，立竿见影

IQ的培养一段时间内就能看出成效，例如孩子补习作文课，只要掌握学习技巧，孩子的作文就可以写得更好；补习英语或数学，孩子的英语或数学成绩分数明显提高等，这些"进步成效"使父母非常满意自己的投资，造成现在的孩子花在补习科目上的时间越来越多。

2.成绩好代表孩子未来的竞争力强

父母一旦看到孩子补习的学业成绩节节提升或表现更优异时，父母更加把"成绩好"与"未来有出息"画上等号。于是，内心便更加增长"孩子未来竞争力强，就能成为人生赢家"的信心。

3.孩子分数高，父母更有面子

在咖啡厅一角，几位妈妈在聊天，大家在讨论这次孩子的数学考试。小美妈妈率先发言："我们家小美这次数学成绩只有85分，真是太令人失望了！"其他妈妈听了面面相觑。小明妈妈立刻说："小美妈妈，这次数学考试的平均分数，每个班级都不及格啊！"小美妈妈听了立刻骄傲起来说："原来是这样啊，我们家小美每次都是考100分的啊！"语毕，在场其他妈妈尴尬又生气。

在我们的亲朋好友或社区群体中，的确有些父母喜欢拿孩子的优异成绩当作炫耀自己培育孩子的成果。殊不知，这样的心态无形中会助长父母只关注孩子的成绩，甚至会让孩子和同学攀比、输不起等思想滋长。但像生活运动休闲常规、人际关系、社交、礼仪、亲子互动交流等,都没有在孩子的成长阶段充分培养,致使有些孩子进入中学出现叛逆行为时,父母才开始发现不对劲。甚至,有些孩子到了大学或毕业后进入社会工作时,才发现原来自己只懂得读书,其他连换灯泡、洗碗筷等独立自主的生活能力非常弱。

◇◇◇ 案例8　难以挽回的亲子关系,直到看见才开始改变 ◇◇◇

一切要从8年前开始谈起,那时晶晶刚从小学六年级毕业,她拿到全校唯一的市长奖,以全校第一名的优秀生荣誉,结束了小学6年的生活。在熟识的人眼里,她品学兼优、乖巧顺从,学习上主动积极,生活上也无须家人担心。妈妈也总会以晶晶在学业成绩的优异表现予以奖励,不管晶晶买什么、吃什么、穿什么、用什么,只要学习上表现得让妈妈满意,妈妈都尽可能地满足她。

晶晶的童年生活看似幸福,但她的内心其实是空虚的。她感受不到妈妈的爱,原本认真读书、考试好成绩与扮演乖巧听话女儿的角色,其实只是为了博取妈妈更多关爱的眼神。每每想和妈妈分享心情的点滴、学习上的压力与挫折,总是失望地结束心中的期待。偶尔成绩不理想时,除了遭受妈妈的责备与体罚之外,晶晶最害怕的就是妈妈那几乎可以杀死人的严厉眼神。平日里妈妈总是告诉晶晶:"妈妈现在所做的一切都是为了你好,不希望你出学校之后,像我这么辛苦地工作,比不上别人!"因为妈妈只关注晶晶的学习成绩，加上有看似忙不完的工作要做，随着一次次学习成绩的优良表现与偶尔表现失常的责罚，她渐渐感受到成绩只不过是满足妈妈的面子罢了。

不知从何时起，晶晶暗自下了一个报复妈妈的决定，心想："只要我长大了，我就可以不用再听你的话了！就可以不再受你的控制了！你要我当一个好学生，我就故意当一个坏学生！你越要我有好成绩，我就故意考砸！你越要拿我的表现来满足你的面子，我就让你越没面子！"

晶晶进入中学后，正值青春叛逆期加上心中酝酿已久的念头，她开始展开对妈妈的报复行动，她清楚地知道，伤害自己就是报复妈妈最好的方式。首先，她设定了学规上的底线，在不被学校开除的前提下，她出现了各种让学校管教上头疼的问题，诸如：总是迟到、不符学校规定、奇装异服、顶撞师长、不交作业……学习成绩一落千丈。最后，晶晶以全校倒数第三名的成绩毕业，结束了中学三年的荒唐生活。

如今晶晶已是大学二年级的学生了，她的生命故事持续进行，唯一不同的是，晶晶在学校的表现步入正轨，与妈妈的关系就像好闺蜜一般无话不谈，对于未来的生涯规划、人生方向也有了清晰的目标。这要归功于妈妈在8年前邂逅了我们，除了制作测评，接受咨询辅导，也开启了妈妈的家庭亲子教育学习之旅，在理论与实践的结合下，逐步理解教养的意义与方法，深知自己过去只侧重IQ与成绩的教养观念是错的，而忽略了孩子真正需要的是亲子关系的建立与EQ管理。8年时间过去了，妈妈努力让难

> 以挽回的母女关系一点一滴地修复，正因真正看见问题的核心，所以一切得以改变。

态度（EQ）和能力（IQ）哪个重要？

IQ是英文"intelligence quotient"的首字母缩写，中文译作"智力商数"，简称"智商"，其定义是心智年龄（mental age）除以实际年龄（chronological age），再乘以100，即：智商=心智年龄/实际年龄×100。心智年龄指该儿童的智力达到平均多少岁儿童的智力，故一名比同龄儿童聪明的孩子，他的心智年龄会大过其实际年龄，因此他的智商高过100。相反，一名比同龄儿童愚笨孩子的心智年龄，会小过其实际年龄，因此他的智商会低过100。研究表明，智商的人口分布是95%的人智商介于70至130的标准范围，有2.5%的人智商超过130，我们称之为"天才"（genius），另有2.5%的人智商低过70，称为"弱智"（Mentally handicapped）。IQ用于衡量逻辑推理、处理事情能力的展现，是一种硬实力，而EQ则是一种软实力，是处理事情的意愿及态度的展现。

哈佛大学教授丹尼尔·高曼（Daniel Goleman）在1995年出版《情绪智商》（*Emotional Intelligence*）一书，而Emotional Intelligence简称为EQ。EQ代表情绪智商，从大脑生理学的角度出发，探索人类情绪活动的源头，EQ也是一种心灵力量，是指一个人的涵养和性格的素质。丹尼尔·高曼曾指出，情绪智商（EQ）比智商（IQ）高的人，更能了解自己和他人的情绪，且善于处理自己与他人之间的关系，能忍受挫折，懂得适应现实环境，以提高自己的生活质量，人生更容易成功。

为了让大家进一步理解EQ和IQ的差异和重要性，我利用以下两个图表来加以说明。

表1 智商（IQ）和情商（EQ）

	IQ（Intelligence Quotient）（智商）	EQ（Emotional Quotient）（情商）
定义	IQ通常是指一个人在数字、空间、逻辑、词汇、创造、记忆等方面的能力，属于个人处理事情能力的表现和经验。IQ高的人擅长逻辑推理，能够准确权衡复杂情境下的优势与劣势，做出缜密的决定。经常是个问题解决者，处理信息的能力较一般人强，擅长会计或科技等较多计算过程的领域，需要有次序地吸收、转化信息，并运用信息来解决问题。此类高智商的人通常脑部功能较活跃，但也因为过度活跃，容易不停回想、思考事情，反而容易焦虑或患情感性精神疾病。	EQ由五个向度组成，分别是： ①自我觉察：精准的情绪自我觉察。 ②自我规范：能积极、适当控制和表达情绪。 ③自我激励：能调整情绪，形成自我激励或自我驱动来完成目标。 ④同理心：能够敏感地感受他人的需求或欲望，能辨识他人的情绪，通常也是很好的聆听者，可以适时回应他人，表达理解的共情能力。 ⑤实现检验能力：通常能够客观、精准地发现环境中有利或不利的事物。面对现实能够保持乐观，积极地接受变化，能够灵活应对当下多变的环境和压力，能顺利解决问题。 EQ高的员工能够察觉到自我情绪，并且认识自己，知道自己的长处与短处，也较擅长社交，懂得与人互动，与人友善沟通，遵守对自己的承诺，面对棘手情况也能保持耐心。

上表我只是简单地列出一些EQ特质和IQ特质。各位爸爸妈妈可以仔细想想，如果孩子具备了高智商IQ的能力，但在关键时刻缺乏了EQ该有的自信心、胆识、细心等，例如孩子学习成绩好、演说能力强，却没有自信心或胆识上台展现自己，这样是不是比较可惜？

看到这里，父母不妨趁机检视一下自己的教养观，换一个做法试试看，多关注孩子处理事情的态度，看看孩子是怎么想的。理解他进而协助他，而不是看他没有做对立即纠正他等，这些都是培养孩子情商最好的做法。

当然，我们也必须承认，对孩子情商EQ特质的培养，比智商需要花上更多的耐心和时间，但是，未来他的受挫力、抗压力势必会高，人际关系的同理心也会强，这会让他的人生收获更大的成就，大家认同吗？

IQ属于智商层面，展现在外处理事情的能力；EQ属于情绪智商，展现在外就是愿意做或不愿意做的能力。

表2 意愿态度和能力的展现

	IQ高具备特质：学习力、思考力、表达力、创意、创造力、聪明、专注力、灵巧、观察力……	IQ低（与IQ高具备特质相反）
EQ高具备的特质：自信心、胆识、耐心、细心、恒心、担当、积极主动、乐观……	第一象限：我愿意，我也会做	第二象限：我不愿意，虽然我会做
EQ低（与EQ高具备特质相反）	第三象限：我愿意，虽然我不会做	第四象限：我不愿意，也不会做

上述简单分类的四个象限中，我想大家应该会认同，最好的应该是第一象限的"我愿意，我也会做"，其次是第三象限的"我愿意，虽然我不会"（愿意挑战，试试看）。

简而言之，当我们的孩子愿意，也会去挑战生活中的各种挫折时，父母肯定会很省心，例如他愿意自己学习系鞋带，也顺利系好了，通常父母都会夸赞孩子。如果孩子不会系鞋带，但他愿意尝试学系，我们也会大大赞赏他的耐心。上述两种特质，是不是比孩子会系鞋带却故意耍赖不自己系，或是不愿意学习也不想自己动手的孩子，更令人放心呢？因此，孩子面对问题时的"意愿"及"态度"呈现的软实力，真的比"能力"来得重要多了。

忽略孩子喜欢的是什么

◆◆◆◆　　案例9　烘焙课程开启了学习新里程　　◆◆◆◆

还记得案例6与案例7谅谅的故事吗？谅谅全家做了天赋测评与教养咨询后，解开了过去生活抉择上的很多疑惑，也解决了教养上的一些难题。当时谅谅妈妈咨询的重点是如何让谅谅重拾学习的乐趣与动机，协助谅谅找到他擅长与喜欢的课，并做出轻重缓急的排序与取舍。

咨询过程中，我们首先和谅谅妈沟通的是：要重拾孩子学习的乐趣与动机，核心是找出孩子喜欢的是什么，擅长的是什么。在测评报告的指引下，过去妈妈帮谅谅安排的钢琴课并不是他所擅长与喜欢的，妈妈也深刻反省，过去总会以自己的喜好来安排谅谅的学习项目，而忽略了孩子喜欢什么，擅长什么。

我们借由测评报告直观地分析二十种兴趣才艺的排序（表3），过去妈妈最在乎的钢琴课反而是排名靠后的项目（当然妈妈的名次却是排前的），钢琴课也就成为谅谅减除课目的考量选项之一。

在表中清楚地看到谅谅的烘焙项目排在第一名，谅谅妈在半信半疑的心态下帮他安排了儿童烘焙课，几次课程下来，家人与老师都惊讶地发现了谅谅在上烘焙课时的热情与课程中卓越的表现，烘焙课程开启了谅谅的学习新里程，因为他不再觉得学习是枯燥无聊的事，最重要的是谅谅开始感受到学习的成就感。

表3

排名	项目	适性分数	排名	项目	适性分数
1	烘焙	140.63	11	机器人设计	113.65
2	戏剧	128.14	12	乐高创作	113.17
3	棋艺	127.55	13	舞蹈	113.11
4	魔术	126.45	14	速读	112.61
5	相声	125.29	15	漫画创作	111.88
6	绘画	125.04	16	摄影	109.13
7	陶艺创作	124.70	17	文学创作	106.55
8	书法	123.65	18	手工艺	102.02
9	弦乐器	121.54	19	合唱团	101.28
10	打击乐器	114.06	20	钢琴	99.12

前面我们提到某些父母抱有"孩子是我生的,理所当然'等于我'"的心态,总以为自己喜欢的孩子也一定会喜欢,把自己的喜好强加在孩子身上,忽略孩子喜欢什么。另外,台湾地区少子化趋势加上科技进步,罹患所谓"文明病"的孩子越来越多。曾经有报道指出,一个将近30人的小学生班级里,将近一半的孩子患有注意力不足过动症(ADHD)(又称注意力缺失症)、自闭症等。

但是现在的孩子,真的普遍有专注力缺失的问题吗?当我们求助医疗体系时,有些医生会以"疑似"来解释孩子可能有注意力不足过动症或注意力缺失的可能。从某方面来讲,"疑似"二字更正确的说法是连医生都不太确定,对父母而言,更是无所适从了。

那么,除了医学诊断外,孩子真的多动了吗?真的是自闭儿吗?有没有其他更客观或是多一个渠道来了解这些被贴上"疑似"标签的孩子呢?过去我们接触过不少被认为出了问题的孩子,但是经过我们的专业评估后发现,有些孩子并没有专注力不足或多动的问题,更多的原因,是父母的教养出现了问题而不自知。

奥地利心理学家阿尔弗雷德·阿德勒说:"解决孩子学习的专注力,最有效的方法就是从'兴趣'着手。"在多年的家庭咨询辅导经验中,我们发现父母常忽略孩子的兴趣喜好,而孩子在学习上也和父母有许多冲突。当我们进一步和父母沟通后,希望他们能改变已有的教养方式,让孩子选择自己喜欢的项目,让孩子做他感兴趣的事,就不容易有注意力不足的问题。经过家长和孩子一起调整后,就会有更好的发展。

虽然如此,在此也要特别声明,我们不是医师,不过多讨论医学上的诊断,我们只是希望通过测评咨询能辅助家长在医疗资源之外,多一个机会帮孩子找出他的个性特质及天性和天赋,协助家长以更积极主动的方式认识孩子,有更加正确的方向来协助孩子成长,让他的学习成长之路可以走得更自在,父母在教养上也更轻松。

我们见过太多上述这种类似的案例,当然,只有父母愿意改变自己的想法做法,才能让孩子适性成长,一味拔苗助长只会让孩子不快乐。相信各位父母一定希望孩子可以健康、快乐地成长。

无从发掘孩子擅长的是什么

◆◆◆◆　　　　案例10　注意力缺失过动,怎么办?　　　　◆◆◆◆

文文刚上小学一年级,在学校特别好动,常常走动干扰其他同学,课堂上也总是静不下心,老师说他也不听,经常找文文妈,并多次建议她带孩子找医生进行专业的诊断。文文妈为此感到非常苦恼,于是带着文文到医院去看,经医生判断,文文"疑似"多动症。医生虽然没有确定文文就是过动症,但为了不影响其他同学的学习,还是建议用药物控制以稳定孩子的情绪,这使得文文妈更加忧心难过。在好友的介绍下,文文做了测评,经过咨询后了解,原来文文属于肢体动觉智能及逻辑数理智能都高的孩子(参见37页文文的八大原智图)。肢体动觉智能高的特质,对一个男孩子来说,会有用不完的体力。现阶段文文还只是个7岁的孩子,活泼多动是正常的,只要不压抑他的体能,让他多释放一些体力，尤其在更需要专注的学习前，让孩子通过适度运动，释放过多的体能，学习的效果就能大幅提升。

另外在兴趣才艺上，文文妈也希望我们给出建议。逻辑数理智能高的孩子，只要找到他的兴趣，其实他是可以很安静（定）地投入的。在测评的总体判读下，文文很适合学习"定、静、安、虑、得"的书法。

文文妈起初对这项兴趣的建议感到怀疑，她认为，孩子好动，怎么可能静下心来学习书法呢？但因为爱子心切，她抱着姑且一试的心态，而文文学习书法后的表现也让文文妈非常惊喜，过去叫他安静十分钟都很困难，学习书法时竟然可以不动如山，判若两人。对于一个过去在学校被老师视为头痛分子的小孩，却能在学习书法时特别专注、有耐心，也不再四处走动、捣乱，而是表现得很稳重，这样的结果让文文妈感到十分欣慰且感动万分。

文文的案例可以让家长们有一些省思，在教养孩子这条道路上，要了解孩子擅长的是什么，喜欢的是什么，真不是一件容易的事。对文文妈妈来说，要不是天赋测评的协助，她想都想不到文文的天赋会是书法。

也许你会说："一直以来，我是一个尊重孩子发展的父母，他喜欢什么，我就给什么，这样总该对了吧？"但是你可能不知道，喜欢和不喜欢孩子很容易选择，但是否擅长，孩子自己并不知道，除非不断尝试各种兴趣才艺，才有可能在失败中找到。更困难的是，真正发掘孩子的擅长和不擅长的比例可能只占一成不到（1∶9）。也就是说，孩子可能需要尝试10

种项目才可能找到他擅长的某一项，假设孩子尝试到第7次才找到自己可能擅长的项目，那么在他经历前面6次认为自己喜欢却屡屡失败做不好的事时，很可能已经打击到孩子的自信心了。

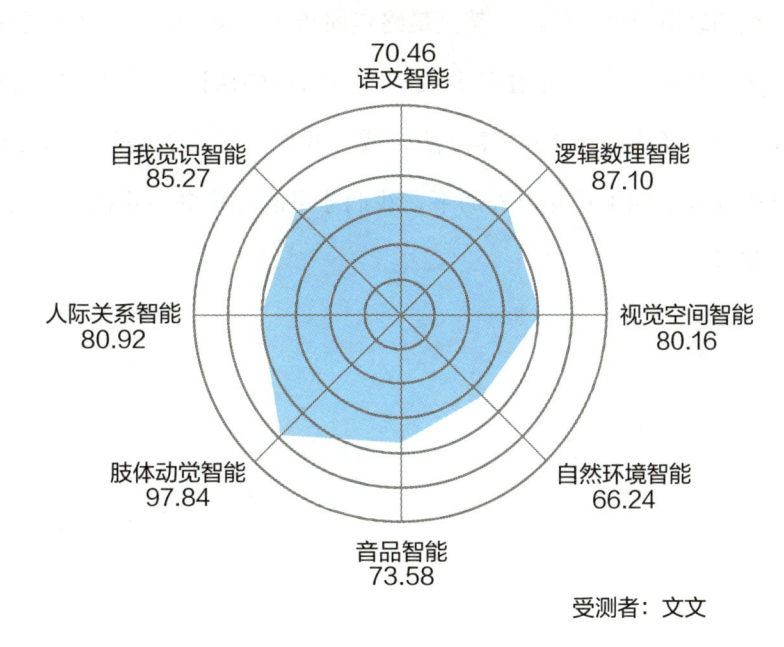

语文智能 70.46
逻辑数理智能 87.10
视觉空间智能 80.16
自然环境智能 66.24
音品智能 73.58
肢体动觉智能 97.84
人际关系智能 80.92
自我觉识智能 85.27

受测者：文文

文文的八大原智图

"无从发掘孩子擅长的是什么"其实是教育过程中很大的难题，千百年来谈的因材施教、天生我材，不就是在发掘孩子擅长的是什么吗？我相信每个人都是对自己感兴趣的事情才会用心去做，但结果不一定好，因为喜欢不一定就是擅长的，不擅长当然做得会不够好。只有发掘孩子擅长的是什么，在擅长的基础下找到自己比较喜欢的，用心去做，相信是可以事半功倍。相反，孩子在喜欢的基础下却不知自己擅长的是什么，利用试错的方式，每次兴高采烈地学习却总是败兴而终，不断经历失败的挫败感，不只是打击自信心，他的学习态度可能也会因此改变，对很多事情可能不再感兴趣，不再天马行空发挥创意。久而久之，他会退缩，认为自己什么都做不好。换句话说，孩子只是喜欢，却做着不擅长项目的话，最后会失去自信与热情。父母若是在不了解的情况下苛责他，更会加重孩子在学习上充满恐惧，痛恨学习，甚至最终走向叛逆，亲子关系也开始恶化。

在教养的路上不管走过多少误区，我们都要认识到并没有完美的父母，也不可能有最完美的教养方法，或许我们要学习的是放下自己的要求，先关注孩子除了功课以外的事，我们才可能收获更多的意外，成为有智慧的父母。

第四章　教养其实就是搞定这两件事

前面我们谈到教养的五大难题、父母的四大焦虑、教养上常见的四大误区，教养上除了消极避免以上的各个问题外，我们还可以积极地来面对教养上的课题，在第五单元智慧父母的五张羊皮卷会有更清楚的说明。在这里，我想总结教养其实就是搞定这两件事——关系力与学习力。

关系力是亲子教养最重要的事

关系力包括亲子关系、人际关系、情商管理等，只要是关于人的议题都在其中，包含自己与自己的关系、自己与他人的关系。所以关系力可以定义为个体觉察自我，包括自我认知、感受自己的特质、成就动机、情绪管理等能力，以及个体与人交往的能力，包括家人、朋友、陌生人等。简单地说就是一个人对内在的自己与对外在的他人相处的能力。毕竟人类这种生物是无法自绝于外而一人独自生活的，不论现实生活中体会或近代脑科学的研究，例如《社交天性：人类如何成为与生俱来的读心者》

（SOCIAL : Why Our Brains Are Wired to Connect）一书作者马修·利伯曼（Matthew D. Lieberman）从演化过程与脑科学研究证明了人类大脑天生爱社交，是社会性动物，人的大脑不仅是为了思考，更是为了与他人连结而建立的。书中谈到一个很有趣的问题：当人发呆的时候，大脑到底在干吗？经过一些个案研究与大脑仪器的运用论证：人无所事事的时候，大脑大多时候是想着人与人连结时的议题，也就是说，人除了专注某些正在执行的事情时，其他时间，大脑几乎想的都是"自己和这个人怎么样，和那个人怎么样"的人与人连结的问题，尤其当自己与他人有意见相左或摩擦、冲突时，在问题没有解决之前，恐怕在执行工作时，也会不时地分心，想着人际关系如何解决的问题吧？

然而，只要人与人互动相处就一定会出现各种人际问题，这是避免不了的。畅销书《被讨厌的勇气》一书谈论的重点，也是在人际关系的课题上，书中的论点之一就是"所有的烦恼都是来自人际关系的烦恼，而所有的幸福也是来自人际关系的幸福"。一个人如果想这一辈子幸福，就要从经营好人际关系做起。同时，哈佛大学成人发展研究中心的一项关于人类"幸福从何而来"的研究计划，从1938年开始追踪724个人，至今超过80年的研究并持续追踪中，从这些人幼年开始观察他们的工作、家庭生活、健康状况等，至今仍活着的人都已经90多岁了，他们的子孙达到了2000多个，分布在社会各个不同的阶层，也有各种不同的成就或遭遇，被研究者有的成为美国总统、律师、商业精英，有的人则沦为罪犯。

在这项研究中，研究团队得到"幸福"的三大结论。

第一个结论：良好的人际关系会让人们更加健康和快乐！

社交关系对人类非常重要，也最有帮助，而孤独、寂寞伤害最大，研究显示那些跟家人连接紧密的人、更爱与朋友交往的人，会比不善于交际及离群索居的人更快乐、更健康，也更长寿！

第二个结论：良好的人际关系在于亲密关系的质量如何！

良好的人际关系不在于有多少朋友，也不在于你身边有没有伴侣，而在于这些亲密关系的质量如何。研究显示，吵吵闹闹、没有爱的家庭会对健康产生不利影响，家庭和睦、关系融洽会对人们的健康起到保护作用。80岁过得不快乐的老人，他们在50岁的时候就已经生活得不快乐了。一个人在50岁的时候，如果人际关系的满意程度比较高，那基本可以预测他在80岁的时候，也会是健康与幸福的。

第三个结论：建立良好的人际社区网络并为此做出贡献。

在这项长达80年以上的研究中发现，日子过得好的这群人是那些和家人、朋友、邻居建立了良好人际关系的人，他们愿意投入时间去对家人、朋友、邻居等关系活动做出贡献，也就是更有社会意识或社会情怀的人，他们长寿也幸福。

美好人生从良好的人际关系开始！所以学习人际关系的课题是无比重要的，而这个课题就是从原生家庭开始培养的，也就是父母的核心教养工作——关系力。

◇◇◇◇◇　　亲子关系评量　　◇◇◇◇◇

亲爱的父母，你是否想过自己在孩子的心中是什么样的？你和孩子之间的关系如何？孩子会主动向你诉说心事吗？你会静下心来倾听他们的声音吗？我们可以通过以下这些问题，自我检视一下我们与孩子的亲密程度。

1.每周你和孩子互动聊天有多长时间？

　　□A.1小时以下　□B.1~3小时　□C.3小时以上

2.你会和孩子的老师保持联系，了解孩子在学校的学习情况吗？

　　□A.不会　□B.偶尔　□C.经常

3.关于孩子的作业问题，你的做法是：

　　□A.全权交给学校老师　□B.订立标准，严格掌控

　　□C.适度关怀并协助解决问题

4.对于孩子与朋友交往的情形，你的态度是：

　　□A.从不知情　□B.孩子告知才知道　□C.主动关怀，给予意见

5.孩子会主动与你分享家庭以外（学校）的人、事、物吗？

　　□A.不会　□B.偶尔　□C.经常

6.当孩子遇到挫折或困难时，会主动寻求您你的帮助吗？

　　□A.不会　□B.看情况　□C.一定会

7.你是否会带孩子一起探访亲友以联络感情？

　　□A.没有或极少　□B.有时候　□C.常常或总是

8.假日里，你是否会与孩子一起从事休闲活动？

　　□A.没有或极少　□B.有时候　□C.常常或总是

9.亲子欢乐时光的时间与次数，对你来说：

　　□A.没有或极少　□B.有时候　□C.常常或总是

10.孩子会主动分担家务吗？

　　□A.没有或极少　□B.有时候　□C.常常或总是

◎评分方式：

选A—1分；选B—2分；选C—3分。

▶ 总分10~15分，你与孩子互动太少，需要再努力！

▶ 总分16~22分，不错，但仍有努力的空间！

▶ 总分23~30分，太棒了！请继续保持，为创造更好的亲子关系努力！

紧密的亲子关系可以使教养上的问题迎刃而解

俗话说："孩子的第一所学校是家庭，孩子的第一任老师是父母。"在原生家庭中，父母之间的相处关系、家人之间的相处关系以及父母和孩子相处的亲子关系等都是孩子奠定和同学互动关系以及日后社会关系建立的基础。

就经验而谈，当孩子感到沮丧、有状况时，与孩子有良好亲子关系的父母能协助孩子快速走过低潮期。有些青春期的孩子成绩逐渐变差，人际关系出现障碍，甚至出现叛逆、厌学、辍学等，在平常就拥有紧密亲子关系的家庭中发生的比例相对低很多。在众多的咨询案例中，常常出现的议题就是亲子关系一开始就不好，父母主导或控制孩子的各种学习，无形之中会适得其反地阻碍或限制孩子的发展，孩子也开始以各种报复的行为来反抗父母，而父母又无法及时解决，最后衍生出更多的问题，不得已才会找机构寻求解决之道。

所以，家庭教育最重要的就是"关系"这件事，良好而紧密的关系可以让亲子教养上的大小事迎刃而解。

亲子教养的第二件事是学习力

在检视你和孩子的关系力后,亲子教养的第二件事就是培养孩子的学习力。这个部分也是教养上90%以上的父母所重视的,在本书里我无须谈太多,因为大部分父母已经做得太多了,孩子因课业压力而喘不过来气的案例比比皆是,这是现代教育环境下的普遍现象。父母一窝蜂地追逐优异的考试成绩,但我想问的是:"孩子在学习时,你最关心的是他的学习成绩还是他的学习动机、成就感、学习目的呢?"

在咨询中,父母求助我们关于孩子的学习问题中,常出现的议题就是孩子在小学学习成绩很好,但到了中学后,学习成绩开始变差,起初只是厌学,最后辍学在家。追根究底就是孩子不知为何而学、为谁而学,找不到学习的意图、学习的动机、学习的目的,所以我想告诉大家的是:学习力就从协助孩子找到成就动机开始吧!

我们来看下关于"关系力"与"学习力"的真实案例。

◇◇◇◇　　　案例11　关系不足,何谈学习　　　◇◇◇◇

美美家里的经济条件十分优渥,衣食不缺。父亲的生活重心总是放在事业的经营与发展上,全家人在她10岁那年迎来弟弟的出生,母亲大部分的焦点放在弟弟身上,美美明显感受到父母的重男轻女,很多时候父母总是忽略美美的存在。美美感到过去独享父母的爱渐渐地被弟弟剥夺,她不再是父母心中的心肝宝贝,也不再努力读书了,她开始扮演"问题学生"来引起父母的关注。

美美半年后即将小学毕业，父母决定把她送到大城市，就读城里的私立中学，但是美美不愿意离开父母，更不愿意脱离从小熟悉的生活环境，更不愿和同学分开，感觉父母就像要遗弃她一样。为了表达对父母的不满，美美开始像个废人般，不出门也不上学，整天窝在家里，瘫在床上，试图用这样的方式来报复父母。母亲曾试图与美美沟通，但长期以来母女关系就不好，彼此积怨已深，生活上总是不断发生各种大大小小的冲突。

母亲无计可施，来求助机构。在咨询时，美美坦承这是她报复父母的手段，她很清楚自己该怎么做，她只是希望父母能爱她、关心她、重视她，并改变对她的态度。美美恳求我们说服她父母调整对待她的方式，她自然会改变。非常遗憾的是，经过多次咨询与协调，美美的父母并不愿意调整与改变教养美美的方式，美美很悲伤，也很无奈。

本该是单纯美好、无忧无虑的少女，却陷落在亲子关系交恶的深渊中无法自拔，这段亲子间的矛盾与痛苦循环上演着，令人不胜唏嘘！

上述案例提醒我们建立良好的亲子关系有多么重要，换言之，孩子学习再好，长大后再有成就，都无法弥补家庭造成的人生缺憾。

关系力与学习力的比例

我们知晓关系力比学习力重要，那么花在亲子教养的时间比例上就不会是一样的,关系力培养的时间应该多于学习力。对于关系力和学习力培养的比例,我认为应以7∶3或6∶4为完美,但是在现实生活中,父母能够做到5∶5就已经很不容易了。在这里,我再度提醒父母,一定要重视亲子关系,父母在提升孩子的学习力上已经做得太多,但在亲子关系的经营上却是远远不足的。若能提高亲子关系互动比例,孩子肯定会快乐地成长。

总之,亲人之间最重要的就是建立良好的互动关系,因为有好关系,情绪就好;有好关系,学习就好;有好关系,工作就好;有好关系,社交就好;有好关系,婚姻就好;有好关系,运气就好,人生就好……

如何建立良好关系呢?就让我们从了解、接纳、尊重、包容、赞美、鼓励、肯定、表扬、陪伴与支持……开始吧!

第五章　智慧父母的五张羊皮卷

"手拿青秧插满田，低头便见水中天，六根清净方为道，退步原来是向前。"

这是出自五代后梁时期僧人布袋和尚的《插秧诗》，诗中叙述的是农夫插秧的情景，我最喜欢的是最后一句"退步原来是向前"，过去我的见解有"谦受益，满招损""以退为进""吃亏是福""此次的失败，会成为下一次成功的养分"……事件不同，心境也不同。如今，这句"退步原来是向前"用在教养上也是行得通的，怎么说呢？想一想，如果父母都能够像英国心理学家约翰·鲍比所提的依附理论，让孩子在安全无虞的环境下，适时放手，让孩子有学会独立自主的机会，看似"退步"的放手，实际是"向前"的成长，对大多数父母来说，是需要大智慧的。

拿鸡农养鸡的例子来说，土鸡、放山鸡、饲料鸡，哪种鸡最具经济价值？大家都知道土鸡最贵，饲料鸡是最廉价的。教养也是同一个道理，没有人希望教出像饲料鸡一样的孩子，但是很多父母却在用这种方式养育自己的孩子，虽然这个比喻不够文雅，却很贴切的。你一定是同意的，对吧！

所有有关家庭教育的研究，都指向原生家庭的环境对孩子成长的影响，毕竟孩子的第一个学习经验就是从原生家庭开始的，父母对孩子的态度和行为影响最大。在原生家庭中，父母若是抱持轻松教养孩子的态度，可能会收获更多、更大的成功。家长太过焦虑，孩子不一定成材。

以我自己为例。我出生在一个平凡的家庭，父母的学历不高，也没什么背景，经济条件不算好。平时辛勤工作，只为养家活口就已经心力交瘁了，哪还有时间跟我和弟弟妹妹互动，辅导我的功课？记得小时候妈妈曾和我说，她不识几个字，也不懂什么人生大道理，如果要改善家里的生活条件，过上好生活，只能靠自己好好读书。在孩提模糊的印象里，不曾有过父母辅导我写作业的记忆，过的真的就是土鸡般生活。我小时候就像个没人管的野孩子，但也培养了我独立自主、努力进取的精神，遇到困难时，能勇敢地面对并想办法解决。现在看来，谁说不好呢？

从小，父母克勤克俭劳动的身影，深深刻在我的心中，我也曾悄悄立下长大后赚大钱奉养父母，让他们过上好生活的志愿。不是因为我爱金钱，而是父母努力工作的身教，让我内心有种渴望，有一股给家人过上更好生活的动力。因为这样的起心动念，在高中时期的课外读物中，让我印象最深的是一本名为《四十张羊皮卷》的励志书。这本书讲述了犹太人经商致富的秘诀，说白了就是要我们知道如何做人、做事的道理，想要经商致富，想要取得成功，一定要先学会做人，懂得推销自己，具备推销有形的产品与无形观念的能力。

当时这本书对我影响最深的是，不论将来我会不会自己开公司当老板，一定要让自己具备推销的能力。狭义的推销只是把产品卖出去，而广义的推销还包括让别人认同你的观念、想法、认知，甚至你这个人，就像现在的政治人物或成功的企业家都具有自我推销的魅力。

回首过去，检视自己的生活满意度，给自己打的分数还是不错的。俗话说："人生不如意十之八九。"我的状况却是"人生如意八九有余"。进入社会工作了快30年，虽不是大富大贵，却从不缺钱，生命中也不乏贵人相助。这要归功于我个人的品格特质，再加上具备所谓的推销能力。如今回头检视自己走过的人生路，从一开始的金融保险业、私人银行业务到现在的天赋咨询教育，我一直都在处理人和人、人和事的链接及媒合，把产品或观念整合做分享推广，这些都是广义的推销工作。少年时的单纯认知，如今终于有了成果的回报。

一直以来，我自认为是个幸运的人。原以为自己是误打误撞地进入自己擅长的天赋上，少走了很多弯路，直到天赋天性测评的诞生，才再一次证明自己在做擅长与喜欢的事，走在符合自己天赋与天性的这条道路上。

相反的，在很多咨询案例中，总不乏听话的孩子一直在做父母期待他所从事的工作或职业，而这个职业又是自己不喜欢的，孩子扮演着父母想要的角色，过着父母想过的生活，自己渐渐地对生命失去热情，结局总是不圆满的。如此以爱为暴力的亲情羁绊，如不改变，终将造成一辈子的遗憾，就如同《被讨厌的勇气》一书作者岸见一郎引用心理学家阿德勒的学说，提醒读者们不要怕被讨厌，要学会"做自己"并建立健康而良好的人际关系，而不是亲子间的错误羁绊关系。如果你也有过这样的经历，你还愿意让自己的子女重蹈覆辙吗？

如上所述，对很多人来说，做自己喜欢的事已经那么困难，何况要通过不断的尝试与经历来找到自己擅长的是什么，这更是难上加难的事。假设我们一生能真正做自己擅长又喜欢的事，概率大约是百分之一的话，你认为你和你的孩子可能是这其中的百分之一吗？现实如此残酷，我们自己抑或我们的孩子，能有这么多时间成本浪费吗？

总结上面几个重点，我提出以下智慧父母的五张羊皮卷，和父母们共勉。让我们重拾精准教育的观点，教养之路应会越来越轻松！

第一张羊皮卷　教养放轻松，孩子更成功

身为父母，我相信大家都不得不承认，教养这件事不可能太轻松。每个阶段的教养都充满了不确定性，也没有所谓一条保证成功的指引守则，有两个或两个以上孩子的父母更清楚每个孩子真的不同，不能用同一种方法教养，这种经历多多少少会令人感到沮丧、怀疑。即使如此，父母也应该适时放手，腾出让我们心爱的幼苗成长的空间，相信孩子一定会在这个过程中茁壮成长的。

我们不妨先从经营亲子关系开始，和孩子建立亦师亦友的关系，成为孩子的安全堡垒。这种关系会成为孩子未来成长的强大后盾，就像美国发展心理学家玛莉·安斯沃斯（Mary Ainsworth）所提的安全型依附特质的孩子那样，因为稳固的安全感，孩子可以更顺利地发展自己的人格，勇于冒险，有健全的心理，遇到困难时也能够调适好自己，顺利地适应社会等。

相反，总是想要控制孩子的父母，会让孩子喘不过气来，一旦他长大，做的第一件事就是离开父母，能走多远就走多远！事实上，内心一直想着离开父母、走得越远的孩子，代表他受到父母控制的压力越大，很多

父母身处其中而不自知，这种亲子关系是我们不愿看见的，可悲的是，在咨询的案例中却是常见的。

薄弱的亲子关系让孩子遇到难题时也不愿寻求父母的协助，所以"教养放轻松，孩子更成功"就先从经营良好的亲子关系开始吧！至少当他遇到困难时，不会因为与父母的关系不佳而只想无助地自我面对。同时，身为父母的我们有可能不知道孩子遇到了什么难题，也可能我们知道了却被孩子拒绝帮忙，看到孩子孤立无援，父母却插不上手的干着急，这是多么折磨人的事啊！

第二张羊皮卷　抓大放小、适时放手

在教养孩子的过程中，很多父母感觉总有做不完的事、操不完的心，总以为孩子就是孩子，他还小，其实孩子只是还没有长大的成人。父母应该把他当成小大人来看待，不再替孩子做太多，用对待大人的态度与方式给孩子足够的自主权，让孩子从小学习如何自己做决定、学会负责任，这不就是我们教养上的终极目标之一吗？

倘若我们替孩子做太多决定，相对地就剥夺了孩子历练、发展自己的机会。让孩子历练的好处是，培养孩子的独立能力，例如他喜欢积木，他会主动操作、变换各种造型，无形中培养了他更多的创造力与想象力。所以适时放手是父母需要学习的课题。倘若父母从孩子10岁开始放手，孩子10岁就开始慢慢长大，父母从孩子20岁开始放手，那么孩子在20岁才长大。因此，聪明的父母会发现，什么时候放手决定了孩子什么时候长大。

"适时放手"对家长绝对是个大考验，就从抓大放小的原则开始吧！很多父母看似细心呵护孩子，实则过于掌控孩子，只要有任何风吹草动，父母事必躬亲，把孩子遇到的问题，孩子自己该面对的、该解决的事，都揽在自己身上。相反的，抓大放小就是在正确的教养观念下，只抓重点干预，其他的就让孩子去历练，允许他犯错，允许他失败，这些都是成长与成功的养分。抓大放小其实也是一种高效陪伴，能让父母更轻松，孩子更容易成功。父母总是担心太早放手，孩子会做得不好、不顺利，但越早放手，孩子越早成熟。我家孩子为例：儿子5岁时，我把洗碗这件事转变成游戏场景，让孩子觉得洗碗是件好玩的事，开始教他如何洗碗。我先把洗碗步骤示范给他看，接着放手让他做，不担心他会摔破碗，结果他竟然做得有模有样，乐在其中。让孩子在生活中体会动手的乐趣，给他学习为家庭负责任的机会，而且洗碗也可当作孩子肢体的感觉统合训练，真是一举数得啊！

　　孩子在成长过程中，父母千万不要什么事情都替孩子做主，一定要给孩子空间去自由发挥，只要在可控的范围内，父母适当地放手，就是给孩子开启创意、想象力的机会，因为父母的信任，孩子才能更早学会如何承担责任。

第三张羊皮卷　　喜欢为学习之父

　　俗话说："重复为学习之母。"我个人认为："喜欢就是学习之父。"还记得前面提到的案例10中被医生判断为疑似过动症的文文吗？原本活泼好动到过头、让老师和家长都受不了的文文，因为练习书法竟然可以定下心来专注学习的，这件让大家大跌眼镜、不可思议的事件，关键的因素是什么？像这种"类过动"的案例，在我们机构的咨询中屡见不鲜，其实答案很简单：首先，只要找到孩子喜欢的是什么，他就会认真地投入该项活动；其次，再加上投入活动后能胜任该活动，孩子慢慢发现自己是擅长的，就会乐此不疲地学习。此时，根本看不到原本不专注而多动的情形了。

那么，父母如何发掘孩子喜欢的是什么？其实也很简单，在生物的演化过程中，面对环境的变化，生命的本能是会自然找寻出路的。同样的，孩子在成长过程中需要做选择时，在不受外力干预的情况下，通常不会选择自己不喜欢的，也就是说，孩子会选择自己喜欢的，所以父母如何协助孩子选择喜欢的？就是放手，让孩子自己做选择，遇到"大"的事件才干预并找出共识。

第四张羊皮卷　　找到孩子的天赋就对了

前面的三张羊皮卷，第一张羊皮卷我们提到父母的教养态度是教养放轻松，孩子更成功；第二张羊皮卷谈的是教养的原则是抓大放小，适时放手；第三张羊皮卷则谈到教养的方法从孩子的学习动机开始，也就是从喜欢的入手。但是当孩子开始做自己喜欢的事时，他会发现事情并没有他想得那么简单，会遇到挫折，也可能因此自信受挫而放弃。接下来的解决方法就是第四张羊皮卷——找到孩子的天赋就对了。

试想孩子做喜欢的事时，他会面临两种情况：第一种情况是最好的结果，孩子找到自己喜欢的也擅长的项目，乐在其中；第二种情况则是孩子找到自己喜欢的却不是擅长的项目，他会开始受挫，继而逃避，最后放弃。这种情形在生活中处处可见，主要是天性使然，孩子天生比大人有好奇心、求知欲与学习的动力，因为学习会带来快乐、成就感与将来的竞争力，也可以说是动物的本能。但是孩子在喜欢之后却找不到擅长的是什么，学习屡屡受阻，父母不禁要问："孩子擅长的是什么？""如何找到孩子擅长的是什么？"其实答案也很简单，就是协助孩子找到他的天赋。因为天赋是每个人与生俱来最擅长的能力，每个人都有天赋，只是类别不同、高低不同罢了。孩子只要找到天赋并善用天赋就会回到上述的第一种情形，这部分内容在后面的章节会有更深入的说明。

以下这个案例的主角周瑾，就是前三张羊皮卷都已经做得很好，而为孩子寻求第四章羊皮卷成功的典范。

案例12　人生赢家模式

周瑾在姐妹中是公认最古道热肠、最有智慧的人，性情慷慨加上不藏私的她常成为朋友圈中最受人敬重的知心大姐！

周瑾从不吝啬在朋友圈发文分享好书、美食以及教养点滴，她最受朋友赞扬的是对儿子教养的投入与用心。例如，儿子想学习才艺，她不会立刻同意或拒绝，而是带儿子上网搜相关资料，进行讨论，最后由儿子自己做决定，让他学习为自己所做的决定负责任。因此，儿子喜欢的兴趣通常都能坚持下来。儿子的阅读习惯，也是她从孩子婴儿期坚持每天讲睡前故事养成的。她不看重学习成绩，但儿子的学习从不让她费心，能自主学习，还一直是学校的尖子生。

把教养领域看得比较全面，除了学习，她与先生经常带孩子从事户外活动增长见识，游泳、打球……体能锻炼也是生活的日常。夫妻更是经常带儿子一起做家务，教导儿子居家环境是每位家庭成员都应该尽心维护的。

在孩子的成长路上她不掌控更不想当权威型的父母，她只想成为儿子的人生教练，陪伴孩子适性成长，给孩子空间去思考与建构自己的人生！

在一次聚会上，周瑾听到闺蜜们谈论天赋测评，她们是如何在测评与咨询后受益的。周瑾想自己在教养上虽然没有急迫需求，但是如果测评可以协助孩子找到天赋并且在陪伴孩子的路上能有丁点儿获益，一切就是值得的。于是，当下立刻决定做全家人的测评。经过专业咨询后，得知儿子是个天生学霸，刻意培养的阅读竟就是儿子的天赋，怪不得学习路上一直顺风顺水，品学兼优，名列前茅，从不用操心。周瑾庆幸自己从没压抑孩子，也不操孩子太多心，所以儿子身心非常健康。

在深入了解儿子的天赋与天性后，她为孩子未来发展的方向做出初步的规划，对儿子未来的人生方向能走得更宽广、更笃定而感到开心。要先找到孩子喜欢与擅长的，才能事半功倍。反观自己，周瑾从小也有像她一样的智慧父母陪伴长大，开明的家庭教育让她不论学习、工作、与人相处，甚至教养都走在自己的天赋路上，这是多么幸福的一件事啊！

第五张羊皮卷　以终为始，立刻行动

回顾前面所谈的四张羊皮卷，从教养的态度、教养的原则到教养的方法，最后就是教养的实践了，毕竟坐而言都是空谈，起而行才能真正解决教养上的难题。第五张羊皮卷——"以终为始，立刻行动"就是父母在有了清晰的教养目的与教养目标之后，结合正确的教养态度、教养原则与教养方法，进而开始展开正确的教养行动，实践所谓的精准教育。

"精"就是精确、简单、抓大放小，"准"就是明确知道孩子喜欢的是什么，擅长的是什么，未来人生的目标是什么，在孩子的人生目标上建立他的发展方向。所以以终为始就是找到孩子的天性，在顺应天性的基础上发掘孩子的天赋所在，从而协助孩子走在自己的天赋路上，如此，父母也就能够"精"与"准"地教养孩子。在下面的内容我会更清楚地说明如何做到以终为始。

第二部
Part 2

精准教养，父母该知道的事！

第六章　精准教养从"以终为始"开始

在家庭教育课程中,我经常问家长们一个问题:"你教养孩子的目的是什么?"大部分家长会回答:"我希望孩子将来幸福快乐!"我就会开玩笑地回应:"你的意思是孩子现在是不幸福、不快乐的,对吗?因为你的目标放在孩子的将来!"接着我又问:"你觉得你的孩子目前是幸福的、快乐的吗?"此时,有些家长沉思不语,有些家长则捍卫自己的教养成果,回答:"我的孩子很幸福啊!因为我给了他我所能给的全部啊!"接下来,我会再问:"你确定你给孩子的,就是他想要的或需要的吗?"此时,沉默不语……

在目前的教育环境下,你的孩子快乐吗?

在教养的这条路上,没有父母是不想给的或舍不得给孩子的,通常是能给多少就给多少,哪怕是为了孩子倾家荡产。然而很多父母给孩子的实在太多了,轻则让他消化不良,重则会给孩子深不见底的压力感,让孩子喘不过气来，最后造成心理创伤或疾病。所以父母给孩子的幸福感，未必是事实，快乐就更不用说了。我们可以从教育的各个阶段（学前、小学、初中、高中、大学）来看看家长的心态，就可知道孩子在成长过程中是很难快乐的。

孩子求学各时期的重点与家长关注焦点

	学前	小学	初中	高中	大学
学校教育重点	生活自理	环境探索	梦想找寻	生涯抉择	技能培养
家长关注的焦点	读书考试	考试读书	考试读书	考试读书	继续升学或就业竞争力

错误的教养目标

随着科技的快速发展与环境的变迁，传统的教学内容、方式、科目已经不能满足孩子的基础教育，全球掀起了教育改革的浪潮。

然而无论学校教学内容、方式如何改变，家长们对孩子教育的重视，恐怕有过之而无不及，大部分家长把孩子能否拿到一流大学的录取通知书，视为教养的成绩单而奋力向前，所以如前面所提："你教养孩子的目的是什么？"对很多家长来说，心中的答案可能是："顺利地考上大学吧！"如果家长的答案是"希望孩子顺利考上大学"，通常我会继续问："考上大学之后呢？"家长可能会回答：孩子继续读研究生或博士。无论答案是什么，我都会继续问家长三个字："然后呢？"最后可能会不耐烦地回我："找一份好工作。"我还是会继续问他们："然后呢？"

以上是机构在做家庭教育辅导时经常出现的场景，我只是想表达太多的家长不是搞不清自己的教养目标是什么，就是设定的目标有问题，就拿"希望孩子顺利考上大学"这个目标来说，就是一个有问题的目标。

大约7年前，我因授课结识了不少学生，其中不乏留学归国的高知家长与大陆一流大学的高才生家长。课程中我们谈论孩子因学习压力而跳楼自杀的话题，层出不穷的社会新闻报道，每隔一段时间总有学生自杀，而且年龄有逐步下降的趋势，从高中生、初中生到小学生都有。印象深刻的是北京大学毕业的一位妈妈，她是学校校友会的干部，她回应这个话题说，很多大学包括她的母校学生自杀的事件也时发生，只是没有报道，所以很多人不知道。据非正式调查与统计：很多孩子从小就被父母设定学习目标，就是考进一流大学。一旦考上，就对父母有了交代，但孩子却失去了人生的目标，在没有人生目标，不知何去何从的情况下，最后选择结束自己的生命。

在这样的教育环境下，孩子怎会快乐呢？教育改革的目的就是可以改变这种形态，但家长的心态不改变，设定的教养目标不改变，悲剧会再度上演，所以正确的教养心态与目标何等重要！

找到最终要做的事，才知道该如何开始！

"你教养孩子的目的是什么？"家长的回答如果从"我希望孩子将来幸福快乐"改成"我希望孩子幸福快乐"只差二字，但一切都会变得不一样了。"我希望孩子幸福快乐"可以解释为希望孩子从现在到未来都幸福快乐,因为幸福快乐应该从陪伴孩子的此时此刻开始,幸福就是今天的事不用等到明天,更不是当孩子长大后回顾儿时的记忆时,都是爸妈强迫自己的一些痛苦回忆。能够为孩子留下美好、温馨、快乐、幸福的成长记忆,这是花再多的钱都买不到的,况且这些好记忆对于孩子的情绪与亲子关系都是正向的,对学习也有很大的帮助。同时"我希望孩子幸福快乐"与"顺利进入一所好大学"两者并不冲突,只要用对方法,有正确的心态,鱼与熊掌还是可以兼得的。

怎么做呢?答案就是"找到真正最终要做的事,才知道该如何开始"。美国著名管理学大师兼知名作家史蒂芬·柯维(Stephen Covey)写的《与成功有约》(*The Seven Habits of Highly Effective People*)中提到,人生要成功,就要培养七个好习惯,其中的第二个习惯就是"以终为始"。以终为始正是精准教养的第一步。

很多父母为孩子忙里忙外,问他们为什么这样做,他们却总答不出个具体目标,盲目地不知为何而忙。有的父母更是教养上毫无章法,随波逐流,看到别人家的孩子在上什么课,也不知自家的孩子需不需要、有没有兴趣,就跟风报名,期待广泛撒网可以重点培养,最后落了个劳民伤财,把孩子的学习欲望都磨掉了,得不偿失。

人生的导航图GSR

什么是"以终为始"?"终"就是结果,就是目标;"始"就是开始、出发,就是现在正在做的事。以终为始的意思就是,以清楚明确的结果为目标,以最后期望达到的终极目标为思考源头,来决定现在要做的每一件事。在现实生活中，很多时候我们在不知不觉中就已经把"以终为始"运用得很好了。举个例子，参加某项新活动，假设这个活动的地点是过去从没去过的陌生地，为了能够准时报到，我们一定会事先查一下交通、花的时间与出行方式，如果是自己开车，那就更方便了，利用GPS来导航，而GPS的操作顺序正好是以终为始最好的例子。首先，我们先输入要到达的目的地，然后确认目前的所在位置或要达到的位置，如此，才能建构从起点到目的地的交通路线，最后在多条路线下选择走哪一条路。有的人选的是时间最短的，有的人选择路最好走的，也有的人选择风景最美的路线，主要看你自己的需求。教养的道路也是如此，应该要：

①设定教养目标终点（Goal），也就是找到教养上真正最终要做的事；

②再从明确的起点（Start）出发；

③在众多路线中，选择最合适的人生路线（Route）。

以上三个步骤，构成了人生的导航图GSR，即设定G点、明确S点、决定路线R。

精准教养就从"以终为始"开始

家长该如何知道教养上真正最终要做的事是什么呢？

以终为始看似简单，运用在教养上却不是那么回事，因为大多数父母不是没有设定孩子的教养终点（目标），就是根本不知道教养的终点（目标）是什么。再者就是父母为孩子设定的终点是父母自以为是的终点，完全以父母的喜好来设定目标，与孩子最适配的终点是不一样的。怎么做呢？其实方法很简单，父母双方可以互相不断地问对方，或反问自己："教养的目的或目标是什么？"接下来，不论自己或对方的答案是什么，继续问"然后呢"，直到这个终极答案可以满足前面所有的答案，举例来说，"希望孩子幸福"就是一个不错的答案，这个答案也是我的终极教养观，但是这个答案的缺点就是幸福是抽象的，不够具体，必须为幸福下定义，而我的核心定义就是"协助孩子做卓越快乐的自己"，更具体地说，就是协助孩子发掘既擅长又喜欢的事，这也是我倡导的精准教养的核心，这个部分在后面的章节会有更深入的说明。

谈完"终点"，再谈另一个课题——教养上的"起点"。大多数父母其实也不知道孩子的起点在哪里，或是根本不关注起点这件事，搞错起点出发是没有办法到达原本设定的终点的，这也是教养上最大的盲点。现在我们所提的找起点，换一种方式说明，就是因材施教的"材"，就像一位雕刻家要雕出一个好作品，首先选定材料，不管是木头、石头还是玉石，必定在它原有的特性上展开，这样的作品才有可能成为旷世巨作。教养其实也一样，如果把父母比喻为雕刻家，那么孩子就是材料，要雕出怎样的作品，需看是石、是木、是玉，所以说教养上的起点就是因材施教的"材"，这个"材"就是孩子的天性特质与天赋特长。

最后，我想再次引用管理学大师史蒂芬·柯维（Stephen Covey）的观点："唯有先确认人生目标，才能引领自己走往正确的方向。"柯维表示，以终为始这个原则，是在自我人生的最终目标上，落实到每一天，成就自己的人生。这样的人生计划，柯维称之为"人生脚本"。这个脚本应是孩子自己的而不是父母的，孩子是主角，父母是配角。但实际上，大部分人会承袭父母或家族的脚本，如父母的期望、家族的规划等，反而失去自主权。柯维强调，必须排除外来不合宜的各种制约，以对生命负责的态度来撰写人生脚本。

第七章　精准教养的黄金圈法则

什么是黄金圈法则

有了以终为始的观念后，我们应该回到更深层的教养问题，为什么我倡导的"精准教养"可以帮助父母解决教养难题？我想引用黄金圈法则的概念加以说明。十多年前，赛门·西奈克（Simon Sinek）在2009年一场至今仍相当受欢迎的TED演讲中介绍了黄金圈理论，他断言，所有成功的企业家、领导者或其他杰出的人都遵循类似的思考与决策模式，赛门·西奈克把它称为黄金圈法则。黄金圈法则的概念其实很简单，就是三个英文单词：WHY、HOW、WHAT。

WHY：为什么（理念、目的、动机）。

HOW：如何做（方法、步骤）。

WHAT：做什么（成果、产出）。

赛门·西奈克认为每个人或每个组织都应该有一个为什么（WHY）、怎么做（HOW）和做什么（WHAT）。他把这三个单词分为三层，第一层也是核心层是WHY，第二层是HOW，第三层则是WHAT，这样的分法也代表它的重要程度。从思考与决策甚至执行的广度与深度来讲，也代表执行者的能力。举例来说，第一类人在做事时，通常只停留在WHAT的层次，这类人通常是最底层的执行者或员工，他们只管上级领导交代的事，只要做好就行。第二类人在做事时会好一点，他会想一想上级交办的事该如何做可以又好又快。通常这种人会是领导心中比较放心的同仁或中间干部。第三类人也是最后一类人，这种人具备项目领导人的特质，他会思考到第三层也是最核心的一层的相关想法。但是还不够，赛门·西奈克认为三个层次都要思考，但思考的顺序与比重才最重要。首先应是为什么（WHY），其次才去思考怎么做（HOW），最后才影响到他们做什么（WHAT）。如此黄金圈法则的思考和决策模式就会让事情走得更远更深，项目推展也更加顺利。

终身学习的五大支柱

"教育的目的是什么？"这个问题应该是每个教育工作者首先要思考的问题，也是黄金圈法则第一核心层WHY探讨的主题，我把它称为目的圈。目的圈的重点是：为什么要教育？教育的理念是什么？教育的目的是什么？是怎样的动机？我想引用联合国教科文组织（UNESCO）对教育的目的所撰写的两本书来举黄金圈法则运用在教育领域的例子。

根据联合国教科文组织的二十一世纪国际教育委员会（The International Commission on Education for the Twenty-first Century）于1996年出版的《学习：内在的财富》（*Learning：The Treasure Within*）一书中提到终身学习的四大支柱：学会认知（learning to know）、学会做事（learning to do）、学会做人（learning to live together）和学会自我实现

（learning to be），且于2003年出版的《开发宝藏：愿景与策略2002—2007》（*Nurturing the Treasure: Vision and Strategy 2002—2007*）一书中提及了第五支柱——学会应变（learning to change）。上述这些方向已成为世界各国在教育基础上，培养孩子面对未来的关键能力。

换句话说，这五大支柱也是联合国教科文组织认定的教育的目的。在全球化趋势下，想培养孩子达成人生成就的关键能力，可以参考以下五个方向。

一、学习认知（Learning to know）

学习认知就是具备明辨是非、知道对错并为解决问题的能力做基础，重点就是阅读、学习如何学习、学会如何深度思考的能力。

二、学习做事（learning to do）

培根说："知识就是力量。"知识本身不具备力量，但是获得知识的人，若能将知识化为具体的行动，知识就会产生力量。因此，在习得诸多知识的同时，还要能学以致用，勇于创新，动手做，落实于生活中。

三、学会做人（learning to live together）

在全球化交流频繁的时代，多元文化与价值观的差异可能造成人与人之间不必要的冲突，如果只学会认知、学会做事，却不会做人，这是完全不够的，因此培养公民素养，培养国际视野，培养与他人相处和团队合作能力，是生活教育的核心。

四、学习自我实现（Learning to be）

Learning to be应解释为学习成为真正的自己。首先要知道：你是谁？你想成为怎样的人？你的成就动机是什么？了解自己的天性特质、发掘自己的天赋特长，如此才能成为你想成为的那个人，做到自我实现。

五、学会应变（Learning to change）

在全球快速变迁的环境下，变就是最大的不变。能有效面对改变，接受改变，甚至主动拥抱、管理及创造改变，才有可能从容迎接瞬息万变的竞逐世界。

根据联合国教科文组织的提倡，教育的核心目的是"学习认知、学习做事、学习做人、学习成为真正的自己、学会应变社会的变迁"这五个部分。这五大能力其实是有层次的，最早的教育重点是学习认知，这是最低的层次，孩子从小学习虽能明辨是非，但进入社会后，却没有做事的能力，这应该是很多刚踏入社会的应聘者普遍存在的问题！就像某位科技企业高管谈到公司招聘新员工的普遍现象与问题：

人事主管问："你有什么竞争优势？公司为何要录用你？"很多应聘者最常回答的是："只要公司录用我，我一定会认真学习的！"这位企业高管说："这种人我一定不录用，公司花了钱请员工来学习？这是什么道理啊！"接着说："公司花钱就是要找可以立刻为公司做出贡献的人才。"

上面谈到的不就是普遍存在的社会问题吗？

另外，职场上也常出现一种人，做事能力还行，却不懂得人情世故，犹如冷血动物，不会做人，不知变通，殊不知"处理事情前，要先处理心情"，人与事本来就是分不开的。这种人犹如单飞的大雁，不会也不懂与人相处、与人合作，把自己的路越走越窄，真是可惜。终生学习五大支柱的第三个层次——学会做人，就是为了解决与人相处的问题。

第四个层次——学习成为真正的自己是最难的，为什么说是最难的？因为这个话题已经谈了两千多年，却没有人做到或极少数人做到。学习成为真正的自己首先要做的是知道自己是谁，这个主题也就是因材施教的教育思想的"材"，也是天生我材必有用的"材"，这两个"材"字是指同一件事，就是要先知道自己是谁，才能成为真正的自己。学校体制一对多的教学模式是很难一朝一夕就改变的，毕竟班级式的结构很难有多余的时间来发掘每位学生的"材"是什么，所以家庭教育扮演着更重要的角色，毕竟父母对孩子的了解是最多的，然而家庭教育中最难的就是亲子教养议题，这是家长们最头痛的问题，精准教养可以协助父母更"精""准"地解决教养难题，更是辅助终生学习五大支柱的教育利器。

精准教养的黄金圈法则

从终身学习五大支柱的观点来看，精准教养的最大功能就是协助父母解决第四个层次——学习成为真正的自己这个课题，同时也具有强化第五个支柱——学会应变快速变迁的能力。就像心理学家罗杰斯说的："在接受真实的自己后，才能真正地改变！"当一个人成为真正的自己时必然强大，面对社会的变迁就游刃有余了。所以我想再次运用黄金圈法则来解释精准教养的结构，我把黄金圈分为目的圈（WHY）、意义圈（WHAT）、实践圈（HOW）三圈，以下是从家长的角度运用黄金圈法则来思考精准教养这件事。

目的圈（WHY）：为什么要采用精准教养？

意义圈（WHAT）：什么是精准教养？该做什么？

实践圈（HOW）：怎么实行精准教养？如何做？

同时，我们把前面以终为始单元所提的"人生GSR"结合起来就更加清晰了。黄金圈谈的是重要性，越核心圈就越重要，一般人也越难思考清楚而忽略，而执行计划的每个步骤都有可能涉及WHY、HOW、WHAT三者，此三者角度各有不同，所以执行精准教养计划，就按照GSR的顺序逐步进行。

1.设定G点，也就是目的圈（WHY）

目的圈（WHY）：为什么要采用精准教养来教养孩子？目标是什么？可以用两个答案来回答：消极的答案是解决前面提到的教养难题，积极的答案是协助孩子达到人生的幸福圆满！目的圈的重点就是目标G点，孩子想成为怎样的人，从事怎样的工作，过怎样的生活等才会达到人生的幸福圆满！

2.明确S点，也就是意义圈（WHAT）

确认G点后，接着就是明确S点，也就是意义圈（WHAT）：什么是精准教养？意义为何？孩子自己是谁？如此才能明确S点。首先，什么是精准教养？前面我已经解释过"精"就是精确、简单、抓大放小，"准"就是明确知道孩子喜欢的是什么，擅长的是什么，在他的人生目标上建立顺应孩子天赋与天性的发展方向。

孩子喜欢的是什么？可以从了解他的天性着手，因为天性特质中表现在外的最鲜明的就是喜好；孩子擅长的是什么？重点则是发掘孩子的天赋，因为天赋是一个人在自己众多擅长的项目中最强也最有可能创造各种可能性，它是没有天花板的。所以意义圈的重点就是明确起点，也就是前面提到过的"材"，指的就是孩子的天分（天性与天赋），找到孩子的"材"才是真正的开始。毕竟在人生导航图中，即便已经确认了目的地G点，但搞错了身处的位置S点，是到达不了终点的。

3.决定路线R，也就是实践圈（HOW）

实践圈（HOW）：怎么实行精准教养？如何做？其实这个问题是最难也是最简单的，难的是时间，因为人的一辈子有太多的变量，包括自身的健康、意外、财务条件等内在条件，以及生存环境包括竞争对手、全球经济状况、个人运气等外在条件，这些都不是渺小的人类所能主导的，所以是三个步骤中最难的。说简单则是我们已经解决了大多数人无法明确的G点与S点，接下来就是执行R的决策即可，在执行中会得到很多实绩的验证，更加笃定孩子是走在自己的天赋路上，这点在过去的十多年咨询案例中，已经得到很好的证实。

本单元精准教养的黄金圈法则的结论就是先从发掘孩子的天赋与天性开始。接下来我将以"成就公式"来说明发掘天赋与天性的相关重要概念。

第八章　精准教养的成就公式

成就 = 性格 + 才能 + 机遇

性格 = 天性 + 环境 + 教育

才能 = 天赋 + 知识 + 技巧

高成就的意义

什么是成就？"成"是做好、做完、成功的意思；"就"是完成、确定，它和功成名就的"就"是同一个意思，所以成就可以解释为："一个人完成了预先设定的目标。"而真正的成就应该加上个人的自由意志，也就是自己想要的，所以"成就"最完整的定义应是："一个人完成了自己预先设定的目标。"

成就就是设定目标后，经过努力的结果。这个结果并不总是令人满意的，相反，大部分的选择结果多是以不尽人意的失败、挫折收场。美国激励大师安东尼·罗宾在他的畅销书《激发心灵潜力》（UNLIMITED POWER）中提到，每个人每天必须做很多次选择，不可能每次的选择都是正确的，事实上大多数人选择错的几率远比对的几率高，就像股票市场的投资，赚钱的总是少数人，投资学的随机漫步理论也验证了相同的道理，毕竟没有人可以预测未来！

人的一生之中会有数不尽的抉择，在高比例的错误选择经历下，长期累积失败的结果，这些经验可能已经慢慢沁入人心，悄悄地改变人们追求成功的思维，每当面临抉择的时刻，惯性地害怕自己做不到而画地自限，使内在的无限潜能只能化为有限的才能。

成功的人生，对的选择次数多固然重要，但质的正确远比量的正确更重要。成就的质就是重要的事件，暂且称它为大成就，相对于小成就，一次大成就可能超过很多次的小成就。就像股票市场的投资，一次大金额的正确投资比多数的小额投资更重要。

如果把以上两个观点整合起来，"高成就"就是一个人可以完成相对于他人更多次的大成就。

人的一辈子在不同需求与情境下，会不断地设定各种目标，做各种选择，父母如何协助孩子做出高成就的选择，也就成为教养上的重点，这个期待的核心就是接下来我们要探讨的成就公式，它是协助孩子通往成功的捷径与核心观念。

成就 = 性格 + 才能 + 机遇

所有父母都期盼自己的孩子能比别人有更高的成就。不同的领域有不同的高成就，有些父母甚至奢望自己的孩子获得全方位的高成就，这是不可能的，一来每个人的时间有限，二来在每个领域都可能有比我们更努力、更有天赋的人。正视这个事实后，我们才能清晰地协助孩子找到自己的高成就，成为他自己的竞争力所在。

如何找到孩子高成就的领域？知道孩子的性格特质，了解他的优点、缺点、喜好、成就动机等，再加上发展他的天赋才能，如此就能发挥孩子的高成就，至于能不能达到高成就就不一定了，毕竟谋事在人，成事在天。综上所述，简单地说，就是：成就＝性格＋才能＋机遇。

下面我将说明好性格的重要性。

《中庸》天命之谓性，率性之谓道，修道之谓教

我想引用儒家经典"四书"之一的《中庸》来谈"性格"的概念。《中庸》的开宗明义章"天命之谓性，率性之谓道，修道之谓教"，它的最基本的意思是说：上天赋予人的自然禀赋叫作"性"，顺着本性行事叫作"道"，按照道的原则修习叫作"教"。"性""道""教"这三个字是中庸的核心，可以有不同的层次解释，博大精深。

从最高层次的天道角度来解释，关键在"天"这个字，指上天、宇宙，"性"是一切的本质，所以"天命之谓性"指宇宙是生命的一切本质，这个本质有阴阳，有五行，也就是有白天，有夜晚，有日月星辰，春夏秋冬，山川大地等，顺着这些自然规律，也就是"理"来做的时候，就叫作"道"，所以才有"道理"这个词，学习这些道理就叫作"教"。以上是从"天道"的层次来解释，用现在的话说就是生命科学的最高领域。

"天命之谓性"的第二个层次是"人间道"的层次，重点在"命"这

个字，前面天道说的命是上天的命、宇宙的本体，人间道说的命是人命，所以"天命之谓性，率性之谓道，修道之谓教"这句话可以解释为：上天创造了人的生命，也可说是人命关天，顺着人的生命本质行事就是人间的道理，教育要做的就是这件事。以上解释"人间道"的层次，用现在的话来说就是教育学的领域。

性格＝天性＋环境＋教育

精准教育（养）的精神也是遵循"天命之谓性，率性之谓道，修道之谓教"的思想，在人间道的层次所做的教育方针。"性""道""教"应该从"教"入手，但重点在"性"，也就是说教育的根本应该回到"性"的本质上。

性格的"性"是人一切的本质，是与生俱来的；"格"是标准、是纠正、是划分、是人类社会制定的规范。"性"是先天的本质，"格"是后天的规范，所以性格的目标可以说是：在一个人的本质基础上加以雕塑使之完美的结果。当"性格"二字把先天和后天两个部分完美结合起来时，也就符合"人间道"的层次。同时，性格的英文是character，这个词的语源来自希腊文，语义上有"雕刻"的意思。所以不论东方思想还是西方思想，都是殊途同归的。

如何"在一个人的本质基础上加以雕塑使之完美"？我们可以引用"天命之谓性，率性之谓道，修道之谓教"，"性""道""教"这三个字，性是一个人的先天特质，而道和教是后天的部分，道就是顺应外在环境的意思，教当然就是教育，所以可以用"性格＝天性＋环境＋教育"来诠释性格的整体概念。

在心理学领域把性格定义为：可以界定为源自个人内部的一致行为模式与内在历程。其中一致行为模式指当一个人在不同时间与情境时的一致性反应，这种一致性的个人特征又称为个别差异。而内在历程是指包括影响我们行动与感受的所有情绪、动机及认知历程。简单来说，性格决定了人和人的差异，也决定了各自不同的人生命运。

种子与土壤理论

除了性格由天性、环境、教育构成之外，我想和大家分享关于"种子与土壤理论"的看法。

性格＝天性＋环境＋教育

（种子）（土壤）（人工培育）

为何我会提出：性格是天性（种子）＋环境（土壤）＋教育（人工培育）的观点？我认为每个人的天性就像一颗种子，都是独一无二的，种子落到不同的土壤里，就会长成不同的样子。一颗幸运的种子，如果落在最适合它的土壤、阳光、湿度下，无须人为照顾也能枝繁叶茂；相反，另一颗种子落下的地方不对，光是生存下来恐怕就很困难了，遑论生长得如何！

亲子教养也是如此，孩子就是父母落下的种子，而家庭就是父母给这颗种子的土壤环境，如果环境对了，根本不用人工培育灌溉，他就长得很好。人工照顾培育是最后一道防线，然而综观周遭，家长都把人工培育视为重中之重，而忽略了更重要的种子与土壤。所以要找到这颗种子是什么种子，需要在什么样的环境中生长，就像孟母三迁的故事一样，这才是家庭教育、亲子教养的重点，也是精准教育（养）的关键。

有了以上的观念后，我想问家长们一个问题，当天性、环境和教育这三项只能留下两项时，哪一项可以省略呢？应该是教育这一项吧！举例来说，假如你想让孩子学英语，最好、最直接的方法就是把他放在英语的生活环境下成长。当然，教育不是不重要，只是大家搞错了重点、顺序和比重罢了，所以这是智慧的父母应该学习改变的地方。

反过来看，天性、环境和教育这三项哪项最重要？答案应该是种子吧！因为要先知道是什么种子，才能决定适合的生长环境，这是最省力的。而教育该做的是创造更多不同的生长环境，让不同的种子都可以成长，这也是最难的部分，要改变大环境并不容易，需要众人的力量和意识，一点一滴地形成教育环境的共识，才能形塑出好的环境。

性格决定成败

好的性格特质是取得高成就的关键，也就是情商的管理比智商更重要，在前面已讲过，这里不再赘述。情商的本质是性格，性格的好坏决定情商管理的难易度，情商管理的目标就是能够培养出好的性格特质。然而，一样米养百样人，人有百种，性格各有不同，谚语有云："山都有自己的斜坡，人都有自己的性格。"

性格特质是多元性、多样化的，我们常听到例如"有一说一""见人说人话，见鬼说鬼话""路见不平，拔刀相助""不为五斗米折腰，大丈夫能屈能伸"这样的俗语，可以很清楚地形容一个人的性格特质，有的正直，有的八面玲珑，有的正义感十足。俗话说："最能够生动描绘出一个人自己性格的方法，无过于他自己描绘他人的态度。"名人伊卜恩·斯依恩曾说："所谓的性格是一种习惯，不假思虑地、自然而然从灵魂流露出来的一定的行为。"

德·穆迪说："性格是一个人看不见的本质。"性格里到底有什么？从以上的俗语可知性格的复杂性，性格的本质里有态度、习惯、行为、个人特质，还包括情绪、兴趣、好恶、内在驱力、价值观、成就动机等。

为什么性格对取得高成就这么重要？首先，性格并不容易改变，正如："江山易改，本性难移。"要培养好的性格需要经年累月的努力，让它变成一种习惯，像呼吸一样自然。其次，性格是成功的关键因素，从古至今的历史故事不胜枚举，三国时代的英雄人物辈出，他们鲜明的性格特质就是最好的例子，曹操、刘备、关羽、周瑜、诸葛亮、吕布、司马懿等色彩鲜明，性格不同，结局也不同。历史再往前推到大秦帝国，中国历史上的第一次大统一，除了秦国几代人的努力外，秦始皇嬴政的性格特质至关重要。接着是汉朝的成立，秦帝国时代末期楚汉相争的结果，也是领导者的性格决定了成败。刘邦韬光养晦，看似懦弱，项羽刚愎自用、疑心病重。项羽原本一手好牌，最后打到惨不忍睹的局面，全都符合"性格决定成败"这句话。

拿破仑：替才能开路

拿破仑曾经说过："你要依靠的并非你的声望，而是你自己的努力。"还记得"成就＝性格＋才能＋机遇"吗？接下来让我们谈谈才能。

什么是才能？简单来说，才是才智，意指有没有能力；能是能力，意指能不能解决问题，也就是说"具有解决问题的能力就是才能。"

才能分大小，所以才会有大才小用、小才大用的议题，俗话说："才能是长期努力的报酬。"想要有大才能就必须不断地努力。另一句俗语："怀才像怀孕一样，要时间久了才看得出来。"所以才能不是一蹴而就的。才能的另一种界定方式是才能的独特性，也就是一个人是否拥有独门本领，很值得培养。

柏林前爱乐交响乐团指挥家卡拉扬曾经说过："每个人都拥有自己独特的才能，若不断羡慕别人的才能，一味跟随他人的脚步，那么就无法发现自己闪耀着光芒的内在潜力。唯有发现自己独特的才能，尽力去做的人，才能在人生中取得成功。"这段话道尽了独特才能的重要性，然而亲子教养现状并非如此，大多数情形是父母教养上的四大误区造成"方向不对，努力白费"的结果。

拿破仑也曾说过："替才能开路！"但并没说是什么才能。伊索说："每个人都能靠自己的本事而受人尊重。"但人们首先必须找到自己的真本事，而我要说的是："找到天赋，替才能开路吧！"

才能＝天赋＋知识＋技巧

才能的组成是什么？20年前《发现我的天才》（*Now, Discover Your Strengths*）一书中已有很明确的阐述：才能＝天赋＋知识＋技巧，作者对才能的定义是：才能是在一种活动中，持续、近乎完美的表现。唯有将才能发挥到极致才能脱颖而出。另外，每天工作都要做大大小小的决定，才能在其中扮演重要的角色，所以才能的组成元素格外重要。才能虽有知识与技巧的成分，为什么持续努力的操练却不能达到完美的境界？经过多年的研究，我发现最核心的原因是没有找到天赋。

如何提升自己的才能呢？我认为有三个层次。

①学习知识：博学多识可以作为知识来源的基础。

②将知识转换成技巧：将所学的知识运用于实际生活中。

③发掘天赋：在天赋的基础上，擅用知识与技巧。

所以，一个人的才能构成就是：天赋＋知识＋技巧。

知识与技巧的四个象限

什么是知识？知识可以简单地定义为：过往我们不知道的事实与学习到的内容。只要是我们不知道的事物，经过学习后理解了、知道了，它就是知识。相对常识，两者的差异是：大家都应该知道的事物叫常识；过去不清楚，经过学习、认知的过程而习得的事物叫知识。知识并非人人都有、人人都懂，不同的领域有不同的专业知识。一个人懂的知识越多，代表他的竞争能力越强，"知识就是力量"是最常听到也是最普遍的一句话。但知识真的是力量吗？我认为用得出来的知识才是力量，知识最大的盲点就是只学不用，如何将所学的知识转化为技巧或技能（技能与才能容易混淆，以下的技能以技巧称呼），做到学以致用才是知识真正的价值。好比"能力"这个词，"能"和"力"是两个不同的状态，犹如水与水蒸气，一个是液体一个是气体，同质不同态。能力还没使用时称作能，已经作用了的叫作力，知识就是能，而力就是技巧。能力需要知识和技巧的结合才会有它的价值。

知识只是才能的原料，要把知识转化成力量，就需要技巧的协助，它们的关系好比火箭发射升空，火箭是才能，知识是燃料棒，而推动火箭升空的引擎则是技巧，没有引擎的火箭充其量只是模型而已，所以扮演技巧的引擎对火箭来说至关重要。

那什么是技巧呢？技巧可以简单地定义为：解决问题的活动步骤。在解决问题的步骤之前，还需要有解决问题的评估，对问题的区分与判读，这些能力就是知识含量，它决定了解决问题步骤的精确性，所以知识与技巧是分不开的。另外，不同的问题需要不同的技巧解决，所以技巧可分高低，也分领域，高超的技巧加上特殊的领域是最被推崇的，也最具培养价值。

我们把知识的表现分为知道和不知道，技巧的表现分为会与不会。如下图所示，它有四种表现，称为能力四象限，这样就可以清楚理解知识与技巧在能力上的差异。

	知道	不知道
会做	大师	匠人
不会做	学者	凡人

第一象限是知道又会做的人称为大师；第二象限是知道但不会做的人称为学者；第三象限是不知道但会做的人称为匠人；第四象限是不知道也不会做的称为凡人。

第一种人是真正有能力的人，知其然也知其所以然，也就是知道问题点在哪，又能解决，这种人理论与实践俱足，我们称他为大师；第二种人是满腹经纶、学富五车，上知天文、下知地理，什么都能说，但就是不会做，十足的理论派代表，我们称他为学者；第三种人是会做但不会说的匠人，这类人可能没读过什么书，也没有高学历，纯粹靠经验的积累做事；第四种人是没有知识，也不会什么技能的凡人，这类人是最缺乏竞争力的。

通过"能力四象限"的分类，我们可以更清楚地知道"大师象限"是我们自己与亲子教养共同的目标，让我们协助孩子一起往这个象限迈进。

如何成为大师中的大师

过去，如果你已经是大师，比起其他三类人已经具备相当的竞争力。在全球化的今天，人流、物流、信息流快速移动，市场上的竞争可以用"地球是平的"来形容全球化下的经济，世界上不同区域的市场也已渐渐成为一个共同的市场，经济的联动性、相关性越来越高。这将带给我们怎样的影响？简单地说，过去你可能只需要和同一个城市的人竞争，未来你的孩子可能会和全球100亿以上的人口竞争（按联合国的人口预测报告，2050年全球人口近百亿）。除此之外，还有另一群可怕的竞争对手，它们可以不吃、不喝、不休息，24小时卖力工作又不偷懒，并且不会发脾气，最重要的是它们还不领薪水，它们是谁？想必你已经猜到了，它们就是机器人。随着AI人工智能时代的来临，按趋势专家的预测，2030年以后，产业需求的人才结构将发生翻天覆地的变化，那些固定流程的、可被复制的工作将逐一被机器人取代，但那些不可预测、创意发想、艺术的、心理的、文化思想等有个人色彩和价值的才能是人工智能无法代替的，所以只成为大师是不够的，一定要成为大师中的大师。如此，才更具竞争力，不用担心被其他人或机器人取代。

综上所述，只拥有知识与技巧的能力，或许能够在今日的职场游刃有余，明日等待的人才是具有才能的人，也就是知识、技巧之外，还须加上天赋。

才能与能力有何差异？现在你应该区分清楚了：能力＝知识＋技巧；才能＝天赋＋知识＋技巧。能力最多让你成为大师，而才能却可让你成为大师中的大师。

俗话说："能轻而易举地做别人以为困难的事，乃是有能力的标志；能做别人认为不可能的事，则是才能的标志。"发挥才能的第三个层次就是发掘天赋，在天赋的基础上，擅用知识与技巧，所以才能＝天赋＋知识＋技巧。要想成为大师中的大师，就找到自己的天赋吧！

让天赋为你指路

让天赋为你指路，指向通往大师中的大师这条路。

天赋是什么呢？天赋指的是与生俱来的解决问题的能力。我们无法用理智处理每个小决定，只能依靠直觉的才能加以处理，这些直觉背后的能力就是天赋，这些大大小小的决定，构成每个人一天的表现。

因此，唯有建立扎实的才能，找出最主要的天赋，同步增进知识及技能，使其趋于完善，才能实现自我价值。人生真正的悲哀不在于缺乏足够的能力，而在于未能善用与生俱来的天赋。天赋是埋藏在矿里的黄金，才能是挖掘矿藏的矿工。我想再次引用前面提到的火箭升空的例子，我把火箭比喻为才能，知识是燃料棒，技巧是引擎。在这样的比喻下，天赋又是什么呢？天赋应该是本体，以火箭的例子来说，天赋就是火箭的主体，包括材料、材质以及最后呈现的样子。

换个方式解释，如果把火箭本体的材料、引擎和燃料重新组装，可以组成各种不同的交通工具，可能是汽车、火车、飞机、船等，这些都是可以做得到的，而且相对容易，如果火箭有能力成为火箭，它却只成为汽车，这是何等可惜！

如何使每个个体的本体发挥到最大化，这是天赋赋予的任务，也是天赋的价值所在。同样的材料创造出火箭、飞机、汽车，它们的价值差异是很容易辨别的。精准教养的核心之一就是发掘天赋价值。

对精准教育（养）来说，每个人都有自己的天赋，而且不会只有一种天赋，每个人都拥有多种天赋，就像哈佛大学心理学教授霍华德·迦德纳所说，每个人至少有8项以上的天赋潜能，只是这些潜能和别人比较，是否具有竞争力，这是我们必须思考的，所以我们必须知道自己孩子的天赋是什么。和别人比较，孩子最有竞争优势的天赋又是什么呢？举例如下图。（八大原智按"分数"是和自己比较，"优势值"代表和别人比赢过多少人）

排序	8大智能分数	智能类别	差异性优势值分析图与分数
1	103.46	人际关系智能	85.11%
2	99.5	视觉空间智能	77.06%
3	94.51	自我觉识智能	64.14%
4	91.42	逻辑数理智能	83.99%
5	89.87	肢体动觉智能	58.61%
6	80.41	自然环境智能	69.29%
7	77.24	音品智能	49.44%
8	51.13	语文智能	8.71%

（资料来源：48项天赋智能测评分析统计数据）

再以石头为例，同样是一块石头，用途不同，放在不同的地方，它的价值体现完全不同，它可以是碎石路上的一颗石子，可以是庙里雕琢精美的石柱，也可以是博物馆里典藏的化石。

火箭的材料也好，石头也罢，这个本体就是它的天赋，正如石头是石头，木头是木头，它们的本体是不会改变的。你可能会说既然是石头那就都一样，但石头只是一个大方向的分类，还有更细、更精确的分法，除了相同的材质外，它的硬度、纹理、复合的杂质各有不同。

所以要成为大师中的大师，就要找到天赋，让优势天赋为你指路。

事在人为，人定胜天

成就 = 性格 + 才能 + 机遇

前面已经讲过性格和才能在成就组成元素中的重要性，成就的最后一个部分——机遇是这个小节和大家探讨的重点。如果没有机运的加持，一个人哪怕再努力恐将一事无成，犹如愚公移山"移山九刃，功亏一篑"一般，就像北宋大家范仲淹说的"万古功名有天命，浩然携手上春台"。最后成功与否，还是取决于外界环境或大自然的力量。唐朝文学家柳宗元也说过："力足者取乎人，力不足者取乎神。"换个方式来说就是"尽人事，听天命"。

"尽人事"是指尽自己最大的努力去做该做的事情；"听天命"是指再怎么努力，还是得听从大自然的规律，这是我们不可改变的，应该遵从。生活中有很多事，我们无法掌控，唯一能控制的只有我们自己，所以，我们只需尽心尽力做好自己。

我个人并不相信宿命，就像罗曼·罗兰说的："宿命论是那些缺乏意志力的弱者的借口。"贝多芬也说："我要扼住命运的咽喉，它决不能使我屈服。"但我们不得不承认确实有命运的存在，"命运"这个词，我的解释"命"和"运"应该分开来看："命"是成就公式的"性格 + 才能"，正如前面提过性格的元素：天性、环境、教育，才能提到的知识、技巧、天赋，这些人力所及的都叫"命"，其他人类无法决定的才叫"运"。"运"就是运气，它看不到、摸不着，没有规律可言，也没有因果关系，更没有一分耕耘、一分收获的对价关系。这种丈二和尚摸不着头脑的运气并不是我们可以努力的，所以在"成就 = 性格 + 才能 + 机遇"中的"机运"，我解释为机会与运气，运气虽无法掌握，但只要掌握住机会，离成功就更近一步，而且很多机会是靠好性格与高才能创造出来的，就像心理学家卡尔·荣格（Carl Jung）所说："我不是境遇创造出来的成果，我是我自己选择的结果。"英国诗人·威廉亨利（William Ernest

Henley）说："我主宰自己的命运，也掌控自己的灵魂。"如此胸怀才是成功者的典型特质。当我们理解"机运"的意义后，父母在家庭教育中努力的方向，就是关注、培养孩子的性格和才能。当孩子的性格和才能表现越好，他的机运自然越好。就像思想家培根说的："聪明的人，造就机会多于碰到机会。"英格兰作家赫胥黎也说："我无法驾驭我的命运，只能与它合作，从而在某种程度上使它朝我引导的方向发展。"

最后，我要重申精准教养的成就公式：成就＝性格＋才能＋机遇。

第九章　永远要做一流的自己，不做二流的别人

做自己的三个层次

被美国电影学会选为百年来最伟大的女演员之一的茱蒂·嘉兰（Judy Garland）的励志名言："永远要做一流的自己，不做二流的别人。"这句话应该是很多人的理想吧！做一流的自己其实是精准教养的核心目标，但"一流的"这三个字看似清晰却是模糊的，必须下定义或有明确的标准，对精准教养来讲，"一流的"就是成为卓越快乐的人，所以精准教养的目标就是协助孩子成为卓越快乐的自己。

而"永远要做一流的自己"的"永远"则加了时间的轴线，它不是一个点，不是达到目标的终点，"永远"是一条从现在到未来的时间轴线，它是一个动态的概念，所以成为卓越快乐的自己不是未来式而是现在进行式。孩子一出生，父母就应该朝协助孩子成为卓越快乐的自己目标前进，持续成长，这才是永远。所以"永远要做一流的自己，不做二流的别人"就是即知即行地做卓越快乐的自己。

然而，永远要做一流的自己容易吗？相信很多家长心中早已有答案，就是不容易！甚至是很不容易！为何不容易？我认为"永远要做一流的自己"这句话分三个层次，第一层次：先做自己；第二层次：做一流的自己；第三层次：永远要做一流的自己。

第三层次"永远要做一流的自己"前面已经讲过了，在讨论第二层次"做一流的自己"之前，应该先谈第一层次"做自己"，因为如果"做自己"都做不到，何谈"做一流的自己"呢？

做自己本来就很难

先探讨第一层次"做自己"，分为两个阶段来说明：孩子自我独立之前的被抚育期和独立以后的成年期。抚育期，要做自己不容易；成年期，一样不容易。

首先，从抚育期谈起，人类的演化史，早就把大脑写入从一出生，便无法像其他动物可以立刻站立、奔跑、觅食等能力的程序，刚出生的婴儿必须靠照顾者的喂养、照顾才能生存下来，在抚育期间，所有吃的、穿的、用的、住在哪里、由谁来照顾、学什么才艺、未来选择上什么类型的学校……都是由照顾者来协助做决定的，然而，有多少照顾者会和孩子讨论一起做决定呢？大多数决定是照顾者自己的想法或认知，有多少人是真正懂孩子，了解他的个性特质、需求、渴望、喜好……呢？所以教养上才会有一句话："先懂孩子，再懂教。"

大多数家长是不懂孩子的，不懂孩子，怎么教？英国生物学家、全球知名科普作家马特·瑞德利（Matt Ridley）写过一部著作——《天性与教养》，他花了30年的时间，针对60对双胞胎先天的遗传基因与后天教养进行研究，到底哪个更重要。列一项数据供大家参考，天性与教养的比重关系，后天教养在不同的时期对一个人先天特质的干预与影响是不同的：婴儿期最高占了80%，童年期占了60%，成年期占了40%，中年期占了20%，以上的数据告诉我们：

①后天的教养对一个人绝对是有影响的，年纪越小影响越深；

②教养不只影响童年，它会影响一个人一辈子；

③从教养的反面来看，先天的基因也占一定比例的影响，而且年纪越大影响越大。

上面的数据证明抚育期要做自己是不容易的，消极地说，错误的教养干预了孩子的发展，正所谓"方向不对，努力白费"。积极来看，把天性与教养结合起来才能是100分，毕竟天性与教养各自只有50分，只注重后天教养，即使满分也才50分，注定教养成绩不及格，遑论教养要得高分或满分，这是不可能的，所以精准教养一定要把先天的部分考虑进来。

再者，成年人要做自己其实也没那么容易，对很多年轻人来说，心想"我终于长大了，可以做自己了"，但事实却不是那么回事。因为长大后才发现有那么多的人情世故，家庭关系的牵绊，让我们不能真正做自己。一个成年人总要扮演多种身份与角色，更要承担起这些身份与角色的责任。

人际关系是生活重要的一部分，为了生存，有时我们不得不带着隐形面具去应对人际关系，但通常这不是真实的自己，角色不同，有些人的面具还不止一副！就像川剧中的变脸，一个人戴了多副面具，为的只是生存。

在西方，"人格"（Personality）这个词源于希腊语Persona，原来是指演员在舞台上戴的面具，后来心理学借用这个词用来说明在人生的大舞台上，人也会根据社会角色的不同来换面具，这些面具就是人格的外在表现。所以"人格"这个词本身就表现出人与人相处的情境与现实，戴着面具做自己是无奈之举，做自己不是一件容易的事。

《被讨厌的勇气》一书提到：人为什么会有那么多的烦恼？因为所有的烦恼都是人际关系的烦恼，人际关系其实是烦恼的真正源头，有人际关系就会有冲突、有烦恼，由于怕被讨厌，所以不敢做自己，无法把隐形的面具摘下。要自由地做自己，就必须先把面具摘下，开始面对真实的自己，这是做自己的第一步。第二步就是真实地面对别人，这可能会迎来讨厌，所以作者说要有被讨厌的勇气。第三步是学会课题分离，父母有父母的课题，孩子有孩子的课题，谁涉入谁的课题，都是不对的，也是不负责任的，所以作者说"割舍别人的课题，找到真正的自己。"

综上所述，做自己就是：首先知道自己是谁，其次是摘掉面具，面对真实的自己，接纳自己，不怕被讨厌，学会课题分离，对自己也对别人负责，这样才能真正地做自己。

做一流的自己

什么是做一流的自己？前面的内容已经给出明确答案，成就 = 性格 + 才能 + 机遇，只要实践成就公式的要件，就可以做一流的自己。当然成就公式必然包含做自己的部分，确切地说，做自己只要把性格公式"性格 = 天性 + 环境 + 教育"中的天性、环境、教育因素考量进去即可，也可以说好的性格特质就是做自己，面对自己的优缺点，该包容的包容，该改进的改进，他就是在做自己，也可以成为快乐的自己，没有人际的羁绊。而一流的自己是在好性格的基础上发挥高才能，也就是才能公式"才能 = 天赋 + 知识 + 技巧"中天赋、知识、技巧的相关因素，都要考量进去，他就可以成为一流的自己，两者缺一不可。做自己是做快乐的自己，顺应天性的发展；做一流的自己则是做卓越快乐的自己。卓越是建立在高才能的基础之上做自己，而不是做别人，卓越的自己和卓越的别人还是很不同的。

打个比方，钱常常是才能的报酬，如果有钱却不快乐的人，就好像拥有高才能却没有好性格一样，他是不会快乐的。社会上的很多有钱人虽然有钱，但并不快乐，就像茱蒂·嘉兰（Judy Garland），她虽说过"永远要做一流的自己，不做二流的别人"，也曾被选为百年来最伟大的女演员之一，就演艺事业来说她是成功的，但她的人生并没有那么快乐、圆满，长年酗酒、滥用药物，被情绪问题困扰，个人生活悲惨，最后因服药过量突然离世，享年47岁。从古至今，看似成功的人士不胜枚举，但他们光鲜外表的背后，隐藏着不为人知的悲哀，19世纪末的天魔画家弗鲁贝尔被誉为最伟大的俄罗斯象征主义绘画大师，生平留下很多旷世巨作，但他一生孤寂，无法与周围环境协调，借着画作的抒发也无法解脱他痛苦而迷惘的内心。

我想拿回自己的人生

她，拥有超过6000万美元以上的资产！

她，拿过1座格莱美奖！

她，获得6座MTV音乐录像带大奖！

她，得过7座告示牌音乐奖！

她，得到吉尼斯世界纪录，成为拥有五张冠军专辑的最年轻女歌手！

她，就是美国流行天后歌手——小甜甜布兰妮（Britney Spears），从小喜欢唱歌跳舞，11岁时就以童星出道，18岁时的首张专辑 Baby hit me one more time 就拿到超过1000万张的销量，用做一流的自己来形容小甜甜布兰妮的成就，应该一点也不为过吧？

但是，如果你知道39岁的布兰妮在美国法庭上，为自己的人生主导权发言，你一定难以理解吧？听来虽很荒谬却是事实。人红是非多，媒体的负面报道，狗仔队的跟踪，造成布兰妮的心理健康与药物滥用问题。她的父亲向法院申请监护自己已是26岁的成年女儿，而法院判决的监管期竟是不寻常的终生监管。13年后的布兰妮向法院提出仲裁，要求解除终生监管。她对监管提出严正的控诉："这个监管等同虐待，让我感觉无法完整地活着，自己活在控制之中，连外出弄头发、指甲，买杯咖啡都没自由。我不是谁的奴隶，我可以工作，就不该被监管，法律应该修正。"布兰妮每年的表演收入至少有几百万美元，却连支配自己财务的自由都没有，谈到这里，你还会认为她是在做一流的自己吗？所以，一流的自己并不是有多少钱，有多出名，而是性格与才能的完美结合。

一流到三流，你选哪个

如果将才能分高低、性格分好与不好，又可以分成四象限：

第一象限：高才能+好性格=一流的自己；

第二象限：低才能+好性格=二流的自己；

第三象限：高才能+不好的性格，也是二流的自己；

第四象限：低才能+不好的性格，就是三流的自己。

从一流到三流，没人想成为三流的人，但如果没有学校教育与正确的家庭教育培养，孩子是很难往二流与一流的自己迈进的，这个象限的人，我估计占了八成以上。至于二流的自己有两种类型，也就是第二象限与第三象限这两类人，我认为都是美中不足，很是可惜，不是快乐的平庸就是卓越的悲哀。但如果是因为先天特质的关系，无法成为第一象限的一流的自己，我认为快乐的平庸其实也不错，虽没高才能却有好性格的人最起码是在做自己。

第一象限"做一流的自己"，是精准教养一直倡导的方向。在十多年来的家庭咨询辅导案例中，成千上万的家庭希望可以朝着"做一流的自己"这个象限迈进，结果当然是有的成功，有的失败，关键在父母身上，只要父母愿意学习、实践与改变，都会有很好的效果，不只是孩子往一流的自己前进，父母甚至爷爷奶奶也会是受益者。

然而，有一类家长只是了解或认同我谈到的理念，但这样是不会带来太多改变的，就像此刻你正在阅读这本书，你也认同书里的主张，但只是相信是不大会改变的，从相信到改变，中间要经过实践，只有真正去做才会改变。

在这么多家庭教育的案例中，我强烈认为，亲子教养的千错万错都是父母的错，毕竟孩子从出生开始就是一张白纸，染成什么颜色，画成什么样子，孩子在成年以前，父母都应该负起较大的责任。不管是父母还是子女的各种议题,主要原因都是父母在教养上观念与行为的错误,这些错误导致教养上的偏差,这也是我在前面已提过的一些教养误区,建议读者再回头看看,相信会有更多的感受。

父母如果希望在求助咨询辅导后有所改变,方法只有一个,就是父母必须先改变,那些身先士卒带头改变的父母,是孩子乃至家庭的贵人。而那些在亲子教养中遇到问题时,把孩子丢给咨询机构辅导的家长们,期待一切都会改变的想法,只是痴心妄想,所以要改变,一定要由父母亲自带头实践才是。

优秀还是卓越由天赋决定

好性格的致胜关键是了解天性,高才能的绝对优势是发掘天赋。做一流的自己关键是顺应天性与发挥天赋两者兼具,才能做卓越快乐的自己。因为发挥天赋可以让人卓越,就像《从A到A+》一书,从优秀到卓越就是发挥天赋。另外,做一流的自己主要是和自己比较,而不是和别人比较,毕竟每个人都各有天赋,天赋的高低也各自不同,只要能发掘天赋做一流的自己,虽不一定样样比别人强,但也一定有自己的优势,有自己的可取之处,也就是独特的自己。面对生活的挑战,虽不一定大富大贵,但总有自己的一片天地,也一定可以生活无虞,做卓越快乐的自己。

第十章　发掘天赋与天性，成为卓越快乐的自己

不凡成就的六大元素

我把之前谈到的观念与精准教养的终极目标整合起来做最后的说明。首先，在前面提过父母帮孩子做了很多事，把这些事总结起来看，父母该关注的教养议题其实就两件事：关系问题和学习问题。如果这两个问题都能完美解决，教养就是轻松的事了。还记得以终为始吗？现在我们把逻辑推理的流程，更清晰地运用在精准教养的以终为始的思考上，可参考下面的图表，逐一说明。

亲子教养的议题	关系问题	学习问题
培育的重点	情商培养	智商培养
成就类型	性格	才能
成就元素	天性、环境、教育	天赋、知识、技巧
主要教育资源	家庭、家庭＋社会、学校	家庭、学校、社会
精准教养的关键	天性	天赋
顺应天性与天赋	喜欢的	擅长的
达到的结果	快乐	卓越

以终为始的"终"就是希望解决亲子教养的关系问题与学习问题，所以父母的教养培育重点就是希望孩子有好的情商与高的智商，而要有好情商就要有好性格，要有高智商就要培养高才能，而好性格需要把天性、环境、教育这些组成元素都考虑进来，同时高才能也必须把天赋、知识、技巧都考虑进来。所以父母要协助孩子有不凡的成就就必须把天性、环境、教育、天赋、知识、技巧这六大元素列为关注与培养的重点。

精准教育的关键

我们再把天性、环境、教育、天赋、知识、技巧这六大元素与当前家庭教育、学校教育与社会教育这三类教育资源的重心做区分，归纳如下：

①天性：必须靠家庭教育去发掘；

②环境：家庭环境、学校环境、社会环境三种教育资源皆有；

③教育：主要靠体制内的学校教育；

④天赋：主要靠家庭教育去发掘；

⑤知识：主要靠学校的体制教育；

⑥技巧：职业技校学习和社会历练。

以上六大元素的获取来源并非绝对，只是表现出当前教育资源的着重点。目前的教育资源侧重的是知识的取得，环境、教育、技巧这三个元素则是学校教育结合社会资源与社会教育，另外两个元素天性与天赋，不管是学校教育还是社会教育，关注得最少，因为个体差异所耗的时间与成本，对体制内教育的资源来说，很难做到合理分配，所以天赋与天性这两部分，理所当然更需要由家庭教育来分工，而家长们把教养孩子的重点放在天性与天赋上，也就做到了"精"与"准"。所以精准教养的关键就是顺应天性与发掘天赋，一个人的天性特质外显的就是兴趣爱好，顺应天性就是让孩子做自己喜欢的事，孩子主动做自己喜欢的事，自然会有热情，也会很快乐。发掘天赋，就是找到孩子最擅长的事，做擅长的事，驾轻就熟，会有成就感，同时也是卓越的表现。

精准教养的终极目标就是协助孩子成为卓越快乐的自己，教养的关键就是发掘孩子的天性与天赋，顺应孩子的天性发掘他喜欢的，发掘孩子的天赋让孩子擅用他的天赋。

擅长不等于喜欢，喜欢未必擅长

在过去的教学与咨询辅导中，学员或家长很容易把擅长与喜欢混为一谈，认为擅长的一定是喜欢的，喜欢的一定是擅长的，其实不然。如果擅长就一定喜欢或者喜欢就一定擅长，那人类的认知学习将变得更有趣，也更无趣。有趣的是学习会变得更投入也更有成就感，无趣的是人生变得平顺，没有挑战，这样的人生平淡无奇。所以就当作老天爷为了考验人类，故意安排的吧！

首先，谈"喜欢的"。它是个体的一种倾向，这种倾向会引发个体不自觉地、自发性地去做某件事，个体在做这件事时，也会表现得更有耐性，即使遇到挫折也会尽量去克服，不会立刻放弃。同时，当个体圆满完成某件事后，就会有成就感与喜悦感，如果完成得不好或不能完成，也会产生挫败感，久而久之，就会由喜欢变得不喜欢。所以喜欢并不代表他一定能做得很好，也可能做得不好，它只是一种对某事或某物乐于接触的倾向，这种倾向可能会因事件的执行结果而改变，未必是固定的状态。

再来谈"擅长的"。它是个体在执行工作时的表现能力，个体可以以更经济或更快速的方式完成这项工作，也就是具有胜任某项工作的能力。它与个体本身喜不喜欢没有关系，纯粹就是解决问题的能力。擅长的事，个体如果没有经过尝试是不会知道的，有时擅长的事就像埋在地面深处的宝石，需要挖掘才会发现，需要时间与耐性。网球高手谢淑薇在2021年，创下台湾地区第一位打入澳网8强的女选手。她在接受采访时提及，直到遇到现在的教练，她的技术才获得全面提升。

擅长的事个体一旦找到而且做的次数够多，当它进入潜意识层的记忆时，个体终生不会忘记，而且潜意识的资源可以没有极限地为个体所用。就像英国知名科学家史蒂芬·霍金即使患有运动神经疾病，但对科学还是做出巨大的贡献。

喜欢的是性格的一部分，可分为天生的喜欢与后天培养的喜欢，天生的喜欢是天性的一部分，是天性的外在表现，是潜意识层面的喜欢；后天培养的喜欢则是意识层面的喜欢，而潜意识的力量远远大于意识，所以找喜欢的要从天性着手。至于擅长的能力，也可以分为天生擅长的天赋与后天努力习得的知识与技巧，要发挥擅长的部分，还得从天赋着手。

综上所述，可以清楚地区分喜欢的和擅长的。

天资的四种状态

什么是天资？简单地说，天资就是天生的资质，包含天性与天赋两部分，再从天性和天赋里提取出喜欢的或不喜欢的、擅长的或不擅长的，就可以产生四个象限，分别是幸福、缺乏热情、伤心与痛苦四种天资状态，如下图。

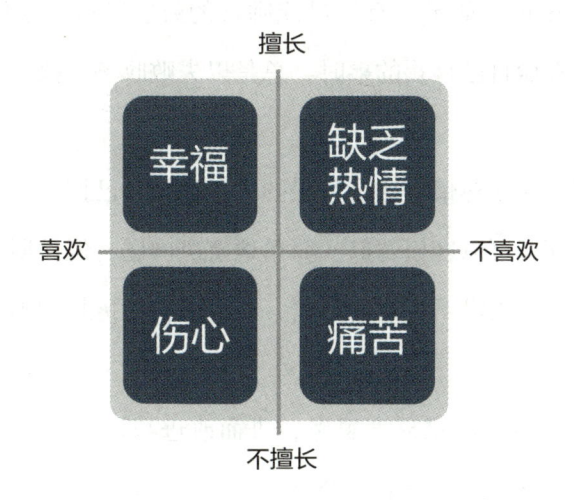

```
                   擅长
            ┌──────┬──────┐
            │ 幸福 │ 缺乏 │
            │      │ 热情 │
       喜欢 ├──────┼──────┤ 不喜欢
            │ 伤心 │ 痛苦 │
            └──────┴──────┘
                  不擅长
```

第一象限：幸福状态。这个象限的人，在做自己既擅长又喜欢的事，等同于他找到了天赋与天性，做擅长的事会有成就感，做喜欢的事乐此不疲，他会处于幸福的状态。严格来说，这个状态应该是幸福的起点，当他游刃有余、感兴趣又有自信地做事时，它会呈现一个正向的滚动，从情绪到心情、到信心、到整个生命状态的展现都是正向的。即使面对眼前的困难，也能以乐观的心境坦然应对，所以既擅长又喜欢的象限是幸福的象限，是通往各种幸福的起点。

第二象限：总是伤心。这个象限的人做自己喜欢却不擅长的事，正常来说，一个人如果不受外力干预，他应该会不自觉地选择做他喜欢的事，只是这个选择刚开始对个体来说无法知道是擅长的还是不擅长的，只能经由他不断尝试，才能知道是否是自己擅长的事。然而，一个人还是不擅长的事比较多。如果把它量化，有100个项目让我们尝试，擅长的恐怕一成都不到，也就是说，一个人必须经历90次的失败，才会赢来10次的成功。对大部分孩子来说，如果没有父母或师长的鼓励坚持，他们可能早已放弃。如果孩子在做自己喜欢的事时，总是以失败收场，孩子的自信心会不断被磨灭。

第三象限：缺乏热情。这个象限的人，在做自己擅长却不喜欢的事，既然是擅长，那就可以轻松驾驭，简单地解决问题，但长期下来不具挑战性的事物会让一个人没了投入的热情，所以做自己擅长却不喜欢的事物会缺乏热情。

我们可以从擅长的难易度思考，进而改进与调整。之所以擅长有可能是事情本来就不难，也可能是经过后天习得的能力足以应付，这都会让我们觉得自己好像擅长。为什么用"好像"这个词？因为每个人对擅长的事，其实跟任务的难易度有关。真正的擅长应该建立在天赋的基础上，否则就会像企业里的资深老员工熟悉了自己的岗位工作，因为没有新的尝试与挑战性而慢慢失去工作热情。不管是老板面对资深员工还是父母面对孩子，只要把难度逐步提高，但仍在擅长的范围，就可以调整当事人的心态，从不喜欢转变为喜欢了。

第四象限：痛苦心境。这个象限的人，在做自己既不擅长也不喜欢的事，当然比较痛苦。一个人如果可以自由选择，通常不会落到这个象限来。因为没有人会选择做自己不喜欢的事，当他做出这个选择时，一定事出有因，不是外在的环境逼迫，就是人为的干预或命令，无论何种原因，这个象限的人都是被逼的。试问一个人在做自己既不擅长也不喜欢的事时，怎么会做好，做得乐此不疲且有成就感呢？这个象限只会不断地消磨一个人的意志，最后不是放弃就是反抗。在过去的家庭咨询辅导案例中，放弃的孩子远比反抗的孩子的案例更难处理，无论如何，解决的方式就是找到成就动机，想办法离开这个象限，离开痛苦的深渊。

因此，天资的四种状态是每个人做每件事时的心境表现，搞懂了就可以在做事，自我觉察或帮孩子评估他在哪个象限时，做有效的提醒与教养！

将天性与天赋明确化的重要性

既然知道了天赋展现的擅长和天性表现的喜欢的重要性，那么如何将天性特质与天赋特长更具体的量化，这是教育领域与生命科学重要的课题。千百年来，在仅止于口号式的因材施教与天生我材必有用的影响下，只能像《思考致富圣经》的作者拿破仑·希尔所说的，过去人类的学习成长都是以试误法的方式习得。也就是说，人类总是在不断尝试错误的过程中学习改进，改正了错误就向前再迈进一步，这种方式总是让人有千金难买早知道的懊悔，加上耗费的时间，当一个人真正觉悟了、懂了、会了，人也老了，生命最后所剩的时间与体力如何再创更高的成就？所以拿破仑·希尔就去拜访当时美国的钢铁大王安德鲁·卡内基，想从卡内基身上研究成功人必备的一些特质。卡内基出生于穷困的爱尔兰家庭，12岁时随父亲移居美国，从纺织厂童工做起，到成为全球仅次于石油大王洛克菲勒的第二大首富，他能拥有如此成就，身上一定有不为人知的成功特质。后来拿破仑·希尔在卡内基的协助之下，近身接触了19世纪美国最有成就的50位名人进行研究，最后总结了一些成功特质，才有后来的《思考致富圣经》与其他激励人心的著作，这也是我所知道的成功学的开端。与此相隔200多年的现代，不论是新时代的成功学还是精准教育（养），除了发掘天赋与天性外，将天赋与天性更具体的量化、明确化也就显得特别有意义、有价值。

如何量化天性与天赋？

要想量化天赋与天性，首先从定义开始。

何谓天性？天性是一个人与生俱来的内在的本质，每个个体各有不同，也形成每个个体的性情特征，这些特征在婴幼儿时期的表现最为鲜明。1956年美国的成人精神科医生A.Thomas和儿童心智科医生S.Chess对婴幼儿进行研究，依据他们对外在刺激的反应，将婴幼儿的先天气质分为9个项目：情绪本质、情绪反应、敏感度、趋近性、适应性、活动量、规律性、坚持度与注意力，其实九大气质是天性的范畴之一，但这个分类方式只是以婴幼儿时期的观察与应用为主。

当孩子进入小学，在后天环境与教育的影响下，教育与心理学家要量化天性就更难了。有关天性的研究，除了天性与教养哪个更重要外，大多是以人格或性格作为研究重点，例如，在九大气质学说之前，心理学领域最早研究天性的应该是卡尔·荣格，他提出了人格的十二原型，分别是天真者、孤儿、战士、照顾者、追寻者、爱人者、破坏者、创造者、统治者、魔术师、智者、愚者。荣格的十二原型虽称为原型但也是性格的研究，虽有天性的成分在，但毕竟不是天性，运用的延伸性也不够，只能当作贴标签式地自我了解。现在流行的MBTI16型、九型人格、DISC、Big Five等，都是性格特质的分类方式，谈不上天性的量化。

性格特征有多种表现形式，从简单的内向和外向，到性格的各种形容词都或多或少与天性沾边，例如，有的人天生比较活泼、好动、乐观等，有的人则内敛、害羞、谨慎。另外还有一些形容词，如腼腆、开朗、滑稽、怪异、猜疑、多情、敦厚、热情、放荡、严谨、纯真等这些词都含有天性的特质。如何将这些性格特征纯化为有规律性、有延伸性、有结构性的天性，我们团队引用了美国哈佛大学发展心理学家霍华德·迦德纳博士在1983年提出的多元智能理论（The Theory of Multiple Intelligences），在多元智能的架构下，建构了8大原智的8种天性特质，从此，让天性有了标准，在下面的内容里有更详尽的说明。

再来谈天赋的部分，天赋要量化就更难了！我们可能会因某人在运动方面有卓越的表现之后，说他有运动天赋，一个人在音乐领域有傲人的表现后，就说他有音乐天赋，诸如此类还有很多，这些努力表现后，既成的事实犹如事后诸葛，对事先发掘天赋一点帮助也没有。

到底应该如何发掘天赋？《现在发现你的职业优势》一书中，作者马库斯·白金汉提出一个寻找优势信号的SIGN模型。SIGN分别代表4个英文单词，可以发觉自己的优势，也最接近找到天赋的方法，分别是：

Success——肯定能成的自我效能感；

Instinct——本能的，迫不及待想尝试的；

Grow——发现自己可能学得很快的；

Need——符合内在需求的满足感。

SIGN模型给了我们不错的自我觉察方式，但距离天赋的量化还有些远。另外，运动的领域范围本就很广，光是奥运比赛的选项就多达100多种，只是以运动的天赋来界定，还是显得模糊，不够明确。同样，在音乐领域、绘画领域等都应该有更细致、更深入的分类才对。除了深度，就是广度了，一个人生涯发展的方向多元，现今的职业选项细分有好几百项，光是大学的科系就可细分出近千项，所以天赋的量化，一样必须具有规律性、延伸性、结构性等。我们团队一样引用了霍华德·迦纳博士的多元智能理论，在已建构的8大原智的8种智能下，再细分成40项核心智能，建构了天赋的量化标准。这部分内容在下面会有更详尽的说明。

综合8大原智与40项核心智能就整合成48项天赋智能，这48项智能包含了天赋与天性，可以清楚地判读擅长的、喜欢的是什么，可以独立判读单一智能，也可做各种分类的判读，如要整合成群组或整体性的判读都可自由运用，同时把九大气质、DISC、MBTI16型等各种性格、兴趣都包含进去，毕竟这些或多或少都有天性的成分在，48项天赋智能的元素有超过14亿种的组合。

因此，父母要发掘自己和孩子的天赋和天性，如何成为卓越快乐的自己，就可以通过48项天赋智能测评的帮助。

第三部
Part 3

48项智能让天赋与天性有了标准

第十一章　48项智能的诞生

智能发展的历程

智能在心理学的发展历程是较具争议的议题之一，其统一的定义至今尚无定论。在这个议题上，中文名词有智力、智慧、智能等，这几个词相近却各有不同的表述。最早从法国心理学家比奈（A.Binet）与西蒙（T.Simon）针对学生在学习能力上的评估，在1905年合编完成世界第一套智力测验——比西量表开始，到后来陆陆续续一直有不同的心理学家提出不同的见解。例如，美国心理学家斯皮尔曼（C.E.Spearman）在1927年提出的智力二因论（two-factor theory of intelligence），他认为智力是由一个普通因素G和许多特殊因素S构成的，智力是所有心智活动所必需的，它的本质以思考上的推理和演绎能力为主。另外，1959年美国心理学家基尔福（J.P.Guilford）的智力结构论（structure of intellect theory）将智力视为复杂思维活动的表现，他认为在思维的整体心理活动历程中，包括三种不同事件：思维内容、思维运作、思维结果。

除了上述智力研究外，瑞士儿童心理学家皮亚杰（Piaget）的认知发展论也属于智能发展的领域，可见关于智能这个议题，每位专家切入的角度与见解各有不同，但不变的是在人类的发展中，智能扮演着重要的角色。

关于多元智能

一直到1983年美国哈佛大学教授霍华德·迦德纳博士（Howard Gardner）提出"多元智能论"（The Theory of Multiple Intelligences）（最早的中文翻译为"多元智慧论"，我认为应该是"多元智能论"），他将智能定义为：几乎在所有人的身上，都有解决问题或生产各式各样的文化产品的能力。此定义被教育学者广泛接受与应用。

简单地说，智能就是人们用来解决问题的能力。当然，一个人不会只有一种智能，解决问题时也不会只用一种智能，所以迦德纳博士研究大脑的功能与结构，于1983年提出多元智能论，将智能分为语文智能、逻辑智能、空间智能、音乐智能、肢体智能、人际智能、内省智能共7种智能，之后一直到1999年，他又增加了另外几种智能，第8种叫自然主义智能，第9种叫存在主义智能，还有第10种叫宗教智能，但存在主义、宗教智能都不够完整与成熟，所以到目前为止，社会上采用的多元智能就是8个，所以又称为八大智能。

发掘多元智能的方法

迦德纳博士提出的多元智能论被教育界广泛运用,最主要的原因就是智能是多元的。每个人擅长的智能各有不同,我强的可能是你弱的,你强的可能是我弱的,这符合中国人"天生我材必有用"的观点,从教育的角度让因材施教有了标准。

于是发掘多元智能的方法便成为大家关注的重点,过去发掘方法不外乎两种方式,一是观察法,经由自我觉察或老师和家长的观察来认定其智能的优劣;另一个是问卷调查法,通过问题的选填来评估自己智能的高低。

这两种方式都有使用上的缺点。它们适合以自我觉察当下状态的自我评量,并不适合检视天生状态的天性或天赋。举例来说,观察法是主观认定,并非客观事实,家长和老师必须具备一定的专业能力,才有判断能力。至于问卷法,在受测过程中虽可起到提醒与思考作用,但要发掘受测者智能的真实状态,难免陷入填写者的主观认知。

举个例子,在《幼儿发展、学习评量与辅导》一书中,针对幼儿气质的评估,给受测者的父母与幼儿园老师填写问卷式评量,结果见《幼儿气质量表的评量结果表》。

幼儿气质量表的评量结果表

气质向度 平均数	活动量	适应性	趋近性	情绪强度	容易转移注意力/ 注意力分散度	坚持度
爸爸评量各项目的平均数	2.38	2.50	3.75	6.25	6.38	6.50
妈妈评量各项目的平均数	7.00	1.63	6.38	6.25	6.38	6.50
老师评量各项目的平均数	6.00	2.75	1.63	6.50	6.38	5.88

从统计表我们可以看出，幼儿的6个气质指标中，活动量、适应性、趋近性这3项气质，爸爸、妈妈与老师的认知有一定的差异，不能说哪一项是正确的，毕竟这都是老师和家长的主观认定，只可当作辅助资料。这也是多元智能论要发展为实用性的评量碰到的相同问题。

多元智能的贡献

多元智能论提出至今，已有30多个年头了。在迦德纳博士2010年的著作《多元智能在全球》中得知，多元智能论已遍及几十个国家，而且有多地区的实验项目。多元智能论对教育领域做出了诸多贡献。

1.明确天生我材必有用。每个人至少有8种潜能可以被开发，就是多元智能的8项智能，这些智能可以更明确地证明才能的杰出表现不只局限于某一智能的培养，它是多元化、多方面的。

2.提供教育新方向。提醒教师多元教学，提供不同的课程内容刺激学习，同时允许学生在学习时能够多发挥想象力，而非只有纸笔测验。迦德纳认为这个理论主要是为了提醒教育界人士，人类有多种智能，不可只通过一种教材、一种教法、一种评量工具，来了解孩子到底学得如何。

3.启发各国教育改革，如台湾省的多元入学方案，让升学有更多元的选择。

迦德纳博士除了在学术上的贡献外，以上几点都是多元智能论延伸到教育领域的贡献。

多元智能的发展瓶颈

我们无法抹灭迦德纳博士在教育上的贡献，但遗憾的是多元智能还有很多实用上的瓶颈，导致多元智能的理论无法用在每个孩子身上，原因有以下三点。

①没有真正准确有效的智能检测评估工具。因为观察法或问卷调查法有先天的缺陷，幼儿的智能评量经由老师或家长评定，不代表就是客观事实。

②无法在儿童的敏感期运用。近代的脑科学研究，6岁以前是儿童的黄金学习教养期，除了该时期的大脑神经突触发展迅速、用进废退外，一个重要原因就是0岁到6岁的孩子会经历23个敏感期，敏感期是特定的能力或行为发展的最佳时期，孩子会不厌其烦地重复该智能，直到满足后，再发展下一个敏感期。当孩子在某敏感期时，我们容易误以为他的此项智能表现是优异的，从而造成认识误区。

③多元智能不能满足"材"的多元性。直白地说，多元智能的分类只有8项，不够细致。例如，有语文智能优势者，理论上应该是口语能力与书写能力都很强，但事实是，口语能力强者，书写能力未必强，书写能力强者，口语能力未必强。

迦德纳博士也坦言当时的研究成果用多元智能（Multiple Intelligences）一词，而不是以能力、才艺或天赋等定义，让他意外地受到教育界的青睐而风靡全球，但也不乏部分学术专家对多元智能的科学性批评。很多时候，人性的多元复杂硬要用科学的理论验证，真是为人所难，但在我实际运用多元智能理论的十几年里，多元智能中各智能的定义与分类确实有调整的必要。

48项天赋智能的诞生

多元智能对教育观点与方向有所助益，但从发掘每个人的天赋与天性来看，还是美中不足的。如能克服上述问题，将给智能的发展运用带来莫大的贡献。台湾天赋智能教育学院团队从1993年开始研发，针对上述问题寻求解决之道，在迦德纳博士多元智能的理论基础上进行改进。

1.重新对智能下定义

迦德纳博士对智能的定义是：几乎在所有人的身上，都有解决问题或生产各式各样的文化产品的能力。简单地说，就是解决问题的能力。如果按迦德纳博士的定义与解释，多元智能属于我们谈的天赋范畴，但少了天性范畴的部分，所以我们将智能重新定义：智是智慧，能是能力。智虽有聪明之意，但这里对智的定义更像是道德经里的话："知人者智，自知者明，胜人者有力，自胜者强。"知人者智，也就是懂人性，知道如何与人相处、交往的人，才叫智者。智能的"智"谈的是个性特质，而智能的"能"谈的是能力，所以智能的定义是：具有知人性、能胜任事、能生产改造物品的智慧与能力。

2.八大原智与多元智能定义范围不同

多元智能的8种分类符合人类感官的感觉模式与大脑认知事物的逻辑概念，所以在8种智能的架构下，增加了天性特质的内容并重新定义与解释多元智能，将它改为八大原智，而八大原智以天性特质为主（更贴切的名称应为八大原性，为求48项智能的整体性）。

3.再增加40项智能因子

基于多元智能的分类只有8项，细致度不够，将原来的多元智能再细化为40项天赋智能（在八大原智的每个智能下，各有5项智能因子）。

4.48项智能的产生

不再以传统的观察法或问卷法的方式产生评量，历经15年的时间，运用脑科学、易经、心理学、行为科学、相对论、量子理论、统计学等，开发出独创的时空能量信息算法，结合大数据，并超过10万人次的临床实证，于2008年完成了IGS天赋智能测评系统。该系统将天性为主的八大原智与天赋为主的40项智能因子结合为48项天赋智能，从此天性与天赋就有了具体客观的标准。

48项天赋智能的基本结构

48项天赋智能包含了八大原智与40项智能因子。

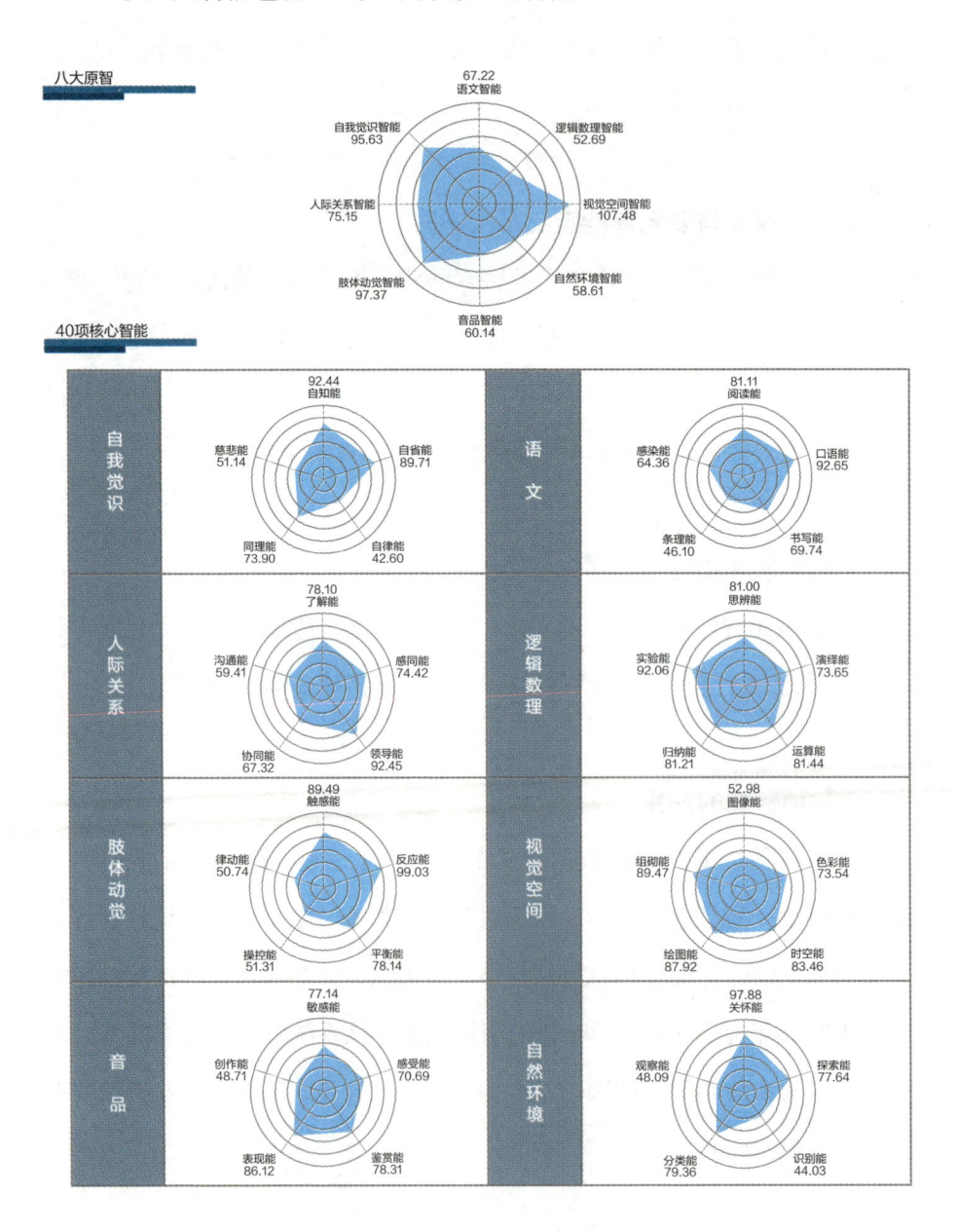

八大原智

- 语文智能 67.22
- 逻辑数理智能 52.69
- 视觉空间智能 107.48
- 自然环境智能 58.61
- 音品智能 60.14
- 肢体动觉智能 97.37
- 人际关系智能 75.15
- 自我觉识智能 95.63

40项核心智能

自我觉识	自知能 92.44 / 自省能 89.71 / 自律能 42.60 / 同理能 73.90 / 慈悲能 51.14
语文	阅读能 81.11 / 口语能 92.65 / 书写能 69.74 / 条理能 46.10 / 感染能 64.36
人际关系	了解能 78.10 / 感同能 74.42 / 领导能 92.45 / 协同能 67.32 / 沟通能 59.41
逻辑数理	思辨能 81.00 / 演绎能 73.65 / 运算能 81.44 / 归纳能 81.21 / 实验能 92.06
肢体动觉	触感能 89.49 / 反应能 99.03 / 平衡能 78.14 / 操控能 51.31 / 律动能 50.74
视觉空间	图像能 52.98 / 色彩能 73.54 / 时空能 83.46 / 绘图能 87.92 / 组砌能 89.47
音品	敏感能 77.14 / 感受能 70.69 / 鉴赏能 78.31 / 表现能 86.12 / 创作能 48.71
自然环境	关怀能 97.88 / 探索能 77.64 / 识别能 44.03 / 分类能 79.36 / 观察能 48.09

八大原智：语文智能、逻辑数理智能、视觉空间智能、自然环境智能、音品智能、肢体动觉智能、人际关系智能、自我觉识智能共8项。

40项智能因子：阅读能、口语能、书写能、条理能、感染能，思辨能、归纳能、演绎能、运算能、实验能，图像能、色彩能、时空能、绘图能、组砌能，关怀能、观察能、探索能、识别能、分类能，敏感能、感受能、鉴赏能、表现能、创作能，触感能、反应能、平衡能、操控能、律动能，了解能、沟通能、感同能、领导能、协同能，自知能、自省能、自律能、同理能、慈悲能。

这48项天赋智能我会在后面的内容逐一介绍。

48项天赋智能的诞生让天性与天赋有了标准，让天生我材与因材施教得以实现，开启了精准教育新的篇章。21世纪是翻转教育的时代，如何发掘并擅用孩子的天性与天赋，成为教养的核心课题。

第十二章　八大原智

语文智能

语文智能的结构

语文智能的定义为：能够清楚有效地运用语言或文字，表达想法和了解他人的能力。语文智能包含口头表达与书面文字两部分，书面文字又分了解他人文字信息的阅读能力与表达自我想法的书写能力，不同的人会有不同的表现方式，有些人表达条理分明，有些人感染力十足。

语文智能的5个核心因子为：

阅读能：从阅读中有效吸收与反应的能力。

口语能：能够有效利用语言来表达自我，善于利用语言说服或感动他人的能力。

书写能：拥有良好的书写与写作的能力。

条理能：在说明一项事物时深入浅出、条理分明并加以适当比喻。

感染能：在说明一件事时，充满情感，擅长通过说话分享情绪。

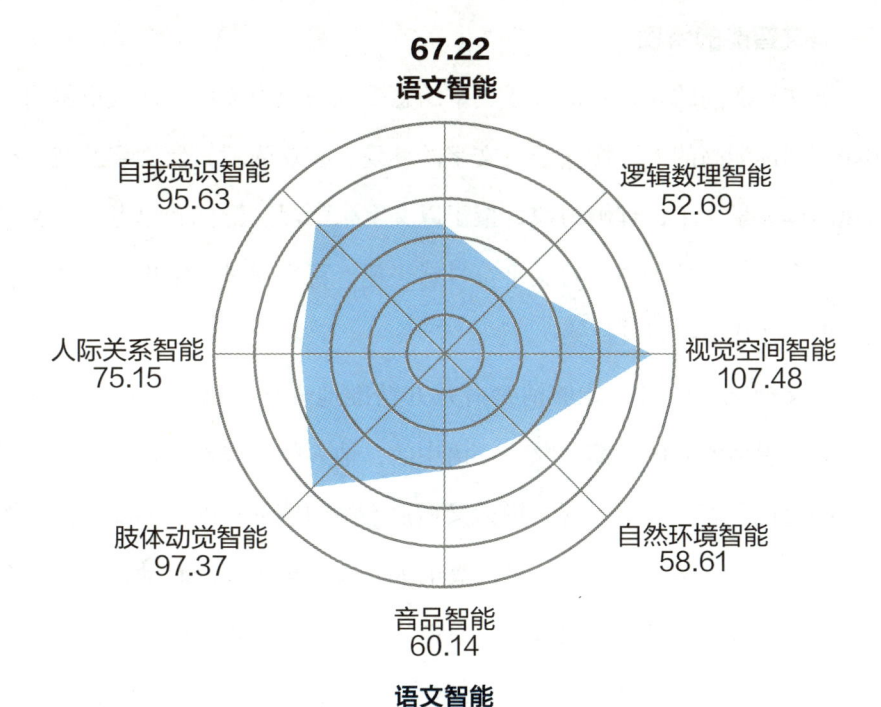

第十二章 八大原智 | 119

67.22
语文智能

逻辑数理智能
52.69

视觉空间智能
107.48

自然环境智能
58.61

音品智能
60.14

肢体动觉智能
97.37

人际关系智能
75.15

自我觉识智能
95.63

语文智能

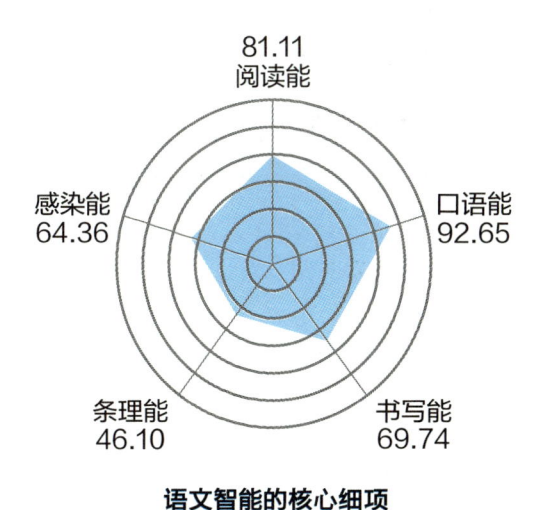

81.11
阅读能

口语能
92.65

书写能
69.74

条理能
46.10

感染能
64.36

语文智能的核心细项

语文智能的特质

语文智能高的人，对语言或文字的感受或表现力会比其他人更鲜明。例如，阅读能高的人更倾向于对文字的喜爱，喜欢阅读，玩文字游戏，能快速阅读大量文字，理解力快，擅于以文字来学习、记忆和思考。对文字的接收有不自觉的渴望，对文字符号感兴趣，喜欢通过文字进行思考、获取知识，并从中找到成就感。

语文智能高的人，能够清楚有效并精准地表达自己的想法。口语能高的人，说话的时候言简意赅、一语中的，他人能很快理解他想表达的意思，同时也爱表达，给人喜欢说话又滔滔不绝的感觉；书写能高的人，擅长写作，文字表达能力强；感染能高的人，善于运用言辞感动他人，拥有幽默感，在分享情绪或讲故事时，总能深入人心；条理能高的人，用字遣词能力强，表达的内容通常较具说服力。在说明一件事时，能够深入浅出、条理分明地陈述。

整体来说，语文智能高者对文字的敏感度高及记忆能力强，有较强的语文学习能力，喜欢通过说或写的方式引发文思泉涌的灵感而产生创意。

教养建议

具有语言天分的孩子对语文的学习、模仿力强，因此家长在孩子面前用字遣词时，要尽量避免使用不雅的文字、错误的语句。平时可以多与孩子做良性的沟通互动，促使他们发展正面的语言及完整的思考脉络。

这个类型的孩子如果喜欢阅读，可以让他们多看看不同类型的书，来提升词汇量以及对语文的熟悉度，掌握语句陈述的要点及文理的逻辑性。

若孩子不喜欢阅读，可以搭配有声书之类的产品，来协助孩子吸收信息及熟稔语言的运用。

职业发展建议

语文智能的职业发展必须参考智能5因子，才能更精确地分辨孩子是口头表达还是文字能力更佳，在说、读、写哪些能力上有明确的发展优势，并结合其他优势智能做整体研判。

以下只是针对语文智能做广义的建议：

适合从事的职业：节目主持人、演说家、作家、文字编辑、记者等。

适合就读的专业：表演艺术、政法学类、大众传播、文史哲学类、教育学类、新闻学类、外语学类等。

逻辑数理智能

逻辑数理智能的结构

逻辑数理智能的定义为：具有前后一致、有条理、有次序地推理与数字运用与运算的思考能力。逻辑数理智能可以拆分为三个部分：首先，逻辑是前后一致的、有步骤的、按部就班的、合理的、有次序的思维模式与特质；再者，数理是数学的、数字的、精确的运用与运算过程；最后，再把逻辑与数理统合就符合科学的精神，这就是逻辑数理智能的整体结构。至于逻辑数理智能的特质，主要在发现问题并寻求解决问题的可能性，所以思考问题时，通常包括三个部分：发现问题、分析问题和解决问题。

16世纪英国哲学家培根认为思考的流程是发现问题、定义问题、大胆假设、套用假设、小心求证这5个步骤，用现在的语言则是思辨能、演绎能、归纳能、运算能、实验能5项智能，这5项智能是逻辑数理智能的核心智能，它们没有一定的顺序，因为每个人的思维逻辑特质本就不同，对每个人来说，哪项智能更鲜明，他就惯性地运用这个智能多一些，谁能更快速有效地解决问题，谁就是赢家。

逻辑数理智能的5个核心因子为：

思辨能：擅于思考、发现与定义问题，具有人、事、物因果关系连结的能力。

演绎能：从已知部分推断事物未知部分的思维能力。

归纳能：以事实为根据，进行分类、分等、概括、调查、统计的能力。

运算能：对数字的敏感与精确计算的能力。

实验能：考察、测量、假设、验证等实践的能力。

第十二章 八大原智 | 123

67.22
语文智能

自我觉识智能
95.63

逻辑数理智能
52.69

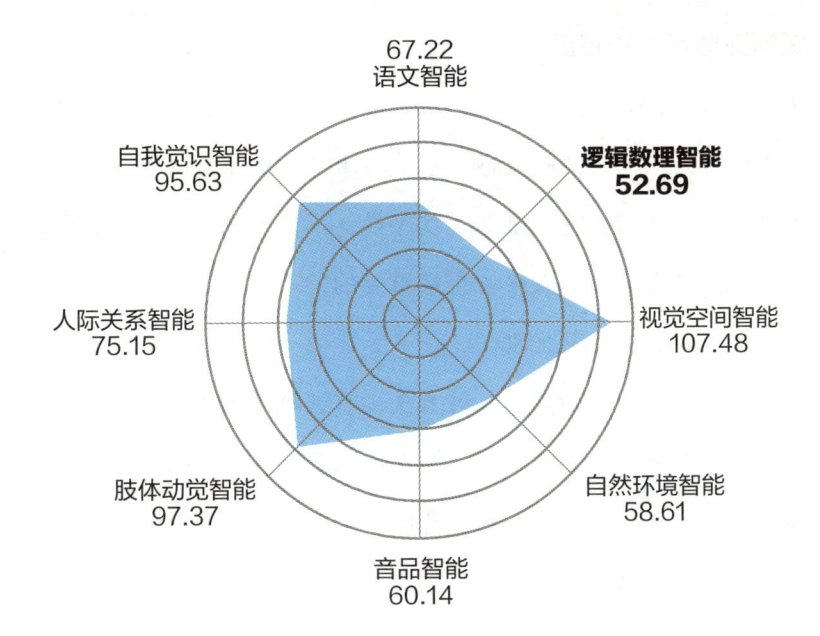

人际关系智能
75.15

视觉空间智能
107.48

肢体动觉智能
97.37

自然环境智能
58.61

音品智能
60.14

逻辑数理智能

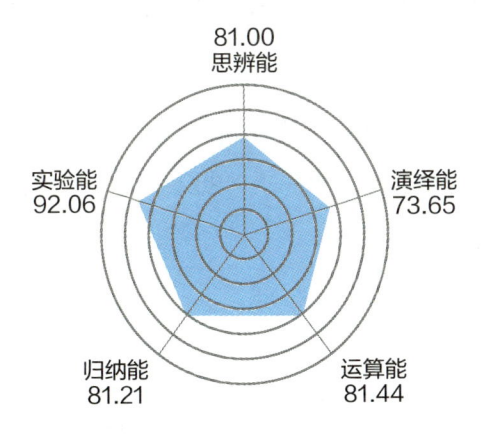

81.00
思辨能

实验能
92.06

演绎能
73.65

归纳能
81.21

运算能
81.44

逻辑数理智能的核心细项

逻辑数理智能的特质

逻辑数理智能高的人，喜欢分析、思考，善于推理、探究事物的本质，注重思考因果关系的联结性，喜欢将事情的来龙去脉了解得很清楚，善于做计划。思考时，注重细节、次序性，不怕麻烦、有耐心；做事时，意义对逻辑数理智能高的人来说是最重要的，不论事情大小，总会认真地将每件事当成重要的事来处理。

遇到问题时，会不断尝试各种方法，直到解决为止。常常会考虑到别人可能忽略的细节，是朋友眼中足智多谋的军师。因为做事注重细节，所以行事作风比较保守，非常重视安全感，不做没有把握的事。让逻辑数理智能高的人快速做出决定比较难，他考虑的方面很多，容易出现犹豫不决的选择困难症。

对事情的思考判断偏理性，讲究证据，是个实事求是的人，信任理论与数据，不能接受凭空想象、没有科学性的东西，言谈举止拘谨、严肃，日常中遵守惯例，较缺乏生活上的情趣。

热爱推理与逻辑性的游戏，享受思考的过程与细节，经常玩游戏玩到废寝忘食，平日的活动也属于思考类、拆装类，会对电子游戏、拼图、棋艺、乐高积木、DIY等感兴趣。

教养建议

这个类型的孩子变通性较弱，父母应当鼓励孩子勇敢尝试，让孩子明白学习是可以犯错的，在错误中摸索、找出解答也是一种成长方式。建议让他们培养运动习惯，以提升行动力与活力，优先选择安全性高的运动，这些需要思考计算的运动项目就非常适合此类孩子，如高尔夫球、台球、田赛项目等。

另外，让孩子多参加推理与操做并行的游戏，练习用行动来引导思考，用思考来解决问题，有了各种经验后，便可以活用思维，加快决策的速度。

职业发展建议

逻辑数理智能的职业发展必须参考智能5因子，才能更精确地判断适合孩子发展的职业，还记得本书一开始提过的案例1吗？小芬被美国名校邀请，以优渥的条件攻读博士却犹豫不决，连自己都说不清原因。经由测评解开谜团，主要原因是：小芬虽是学霸，但逻辑数理智能测出来的分数不算高，加上实验能分数也低，在本质上她既不擅长也不喜欢在癌症研究室待着，所以内心比较抗拒。

逻辑数理智能的职业发展除了参考本身的5项核心智能外，还须结合其他优势智能做整体研判。以下只是针对逻辑数理智能做广义的建议：

适合从事的职业：科学家、统计学家、计算机工程师、侦探等。

适合就读的专业：数理化学类、信息科技、会计及统计学类、法律、机电工程学类、财务金融学类等。

视觉空间智能

视觉空间智能的结构

视觉空间智能指的是对包含色彩、形状、线条、形式、明暗、构图、平衡、空间及它们之间的相互关系具有高度敏感性,能准确地感觉并将其精确表现出来的能力。简单地说,是指一个人有能力将外在世界的所见所闻复制于大脑中,并有将信息补足的能力。

视觉空间智能可分为视觉智能与空间智能。视觉智能靠的是视觉器官的能力,如视觉图像的具象化与图像的记忆能力,绘图时的创作与模仿能力,以及对颜色的辨别、感受、喜好的能力等,以上能力就是视觉空间的智能因子:图像能、绘图能与色彩能。空间智能则是纯粹的三维空间的概念,它是抽象的、不具体的,但视觉空间智能高的人都具有丰富的想象能力。除了空间感以外,时间感也很强,对未来的好奇与不确定性是时空能的表现。综上,视觉空间智能的因子——组砌能,是指能将以上的内容加以堆栈、整理与组合。

视觉空间智能的5个核心因子为:

图像能:观察事物后,脑中可立体化具体轮廓,然后转化、重现、转变、修饰为心理图像、印象、思考、记忆产生或解读图形信息的能力。

色彩能:对于不同颜色的调和、配色、色差、色相、色温等感受敏锐的能力。

时空能:对于未来的不确定性,所产生的一种心理知觉感受度。

绘图能:对绘图8个元素(色彩、形状、线条、形式、明暗、构图、平衡、空间)的相互关系有高度敏感性。

第十二章 八大原智

组砌能：组合、编织与堆栈，能随意操控物件的位置及组合、组装的能力。

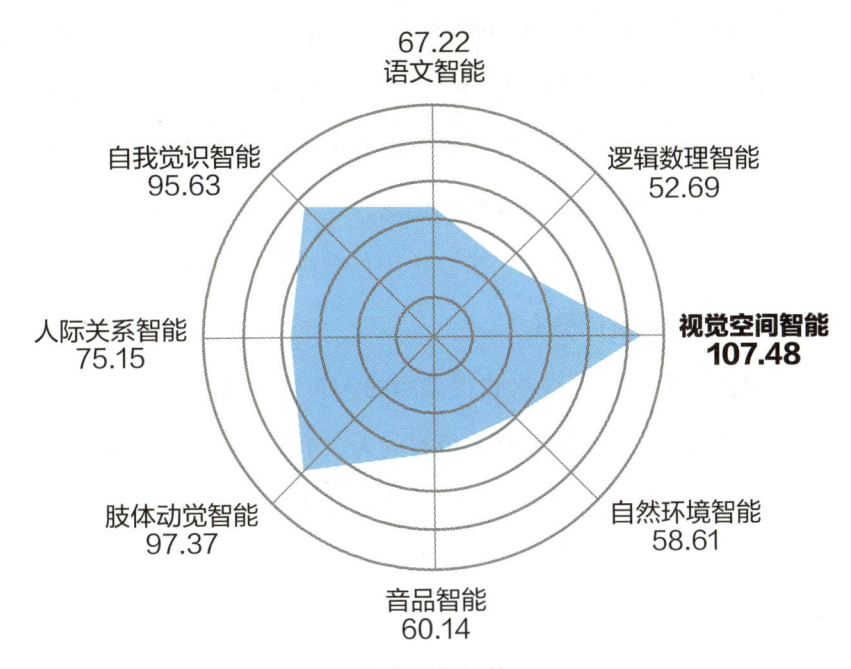

```
                    67.22
                   语文智能

    自我觉识智能                  逻辑数理智能
      95.63                        52.69


    人际关系智能                  视觉空间智能
      75.15                       107.48


    肢体动觉智能                  自然环境智能
      97.37                        58.61

                    音品智能
                    60.14
```

视觉空间智能

```
                   52.98
                   图像能


    组砌能                        色彩能
    89.47                         73.54



    绘图能                        时空能
    87.92                         83.46
```

视觉空间智能的核心细项

视觉空间智能的特质

视觉空间智能高的人，对事情有自己的看法，同时具有宏观思维，喜欢接触新颖、不落俗套的事与物，并且勇于尝试。对于刚进行而喜欢的新事物，容易立即想得很远、很美好，总有过于乐观的倾向。丰富的想象力让视觉空间智能高的人总有无限的创意，是个十足的开创者。用独树一帜的观点看待日常生活中的人、事、物，总有行云流水般的想象力和创造力，为自己开创更为宽广的未来。

天生的艺术家特质，喜欢欣赏美丽的人、事、物。拥有独到的审美观，总是期待看到能让他感到赏心悦目的人、事、物，从中领悟内心对美的体验。因此，他会不由自主地去留意自己及他人的外在形象，属于以貌取人的视觉型特质。

视觉型特质的人，拥有高度的好奇心，喜欢多变且有趣的学习方式，天马行空，不喜欢一成不变、墨守成规。习惯用视觉的方式接收信息，接收的速度比一般人快，喜欢眼见为实。

视觉空间智能高的人，对新事物的接受度高，且喜欢尝试新鲜事物，对流行信息了如指掌，生活多姿多彩，喜欢畅想未来。如能踏实地朝既定的目标迈进，成果必定是丰硕而甜美的。

教养建议

可以为视觉空间智能高的好奇宝宝打造具有丰富色彩、样式、多变化的环境，提供各种不同的教材、图书等，不时做一些小变化，并提供孩子探索的未知区以及接触新信息的渠道。

这个类型的孩子通常会有喜新厌旧的倾向，东西接触过了就好，不会深入研究。因此，在提升孩子广度的同时，也要培养孩子的兴趣领域、专长及做事情的深度。

职业发展建议

视觉空间智能高的人，对美有较高的敏感度，结构企划能力强，可以说是多才多艺的智能，由于范围太广，更需要结合其他智能，才能有更明确的方向。以下只是针对视觉空间智能做广义的建议：

适合从事的职业：服装设计师、建筑师、艺术家、美容相关事业等。

适合就读的专业：服装设计、美术、建筑设计、传媒、美容保健、大众传播、工艺、医美外科、航空等。

自然环境智能

自然环境智能的结构

自然环境智能要先从了解自然环境开始，自然环境指的是影响人类生存与发展的各种天然资源及人为影响的自然因素的总称，包括阳光、空气、水、土壤、陆地、矿产、森林、野生生物、景观及社会经济、文化、人文史迹、自然遗迹及自然生态系统等。这些所涵盖的范围都在自然环境智能的领域，所以自然环境智能代表一个人对当下所处的环境具有较高的敏感度。自然环境包含的范围广，每个人对敏感的领域各有不同，有的人对动物或植物特别感兴趣；有的人对蓝天白云、风吹草动的天气变化感受特别强烈；有的人对地形、地物、古迹、化石、矿物特感兴趣。另外，还有人对环境的能量信息、磁场共振的感应特别强烈。不管是有形还是无形的周围环境，自然环境智能高的人都较一般人有更敏锐的感受。

自然环境智能的5个核心因子为：

关怀能：与周围环境的某些特定有生命或无生命物质产生共振或心灵连结的能力。

探索能：对于事与物的深入钻研程度的意图与能力。

识别能：能清楚分辨并记忆不同生态、环境、物种的能力。

分类能：能根据物体不同特征、条理变化进行分门别类的能力。

观察能：分辨物体的差异与自然界外在细微变化的敏感程度。

第十二章 八大原智 | 131

67.22
语文智能

自我觉识智能
95.63

逻辑数理智能
52.69

人际关系智能
75.15

视觉空间智能
107.48

肢体动觉智能
97.37

**自然环境智能
58.61**

音品智能
60.14

自然环境智能

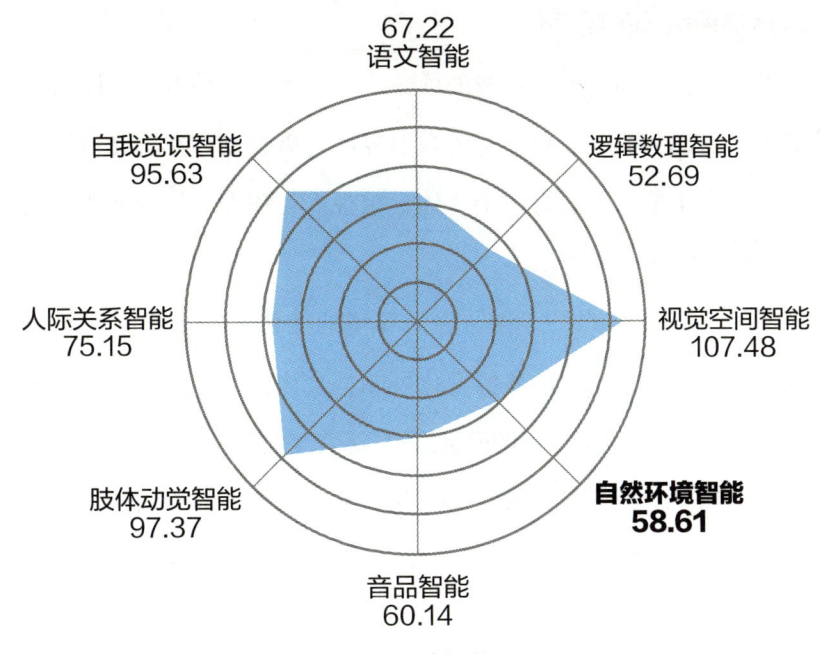

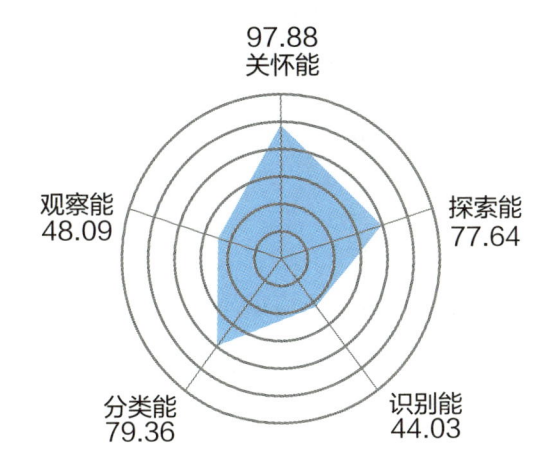

97.88
关怀能

观察能
48.09

探索能
77.64

分类能
79.36

识别能
44.03

自然环境智能的核心细项

自然环境智能的特质

自然环境智能高的人对环境的敏感度高，他有一种得天独厚对环境的感受能力，比起一般人，更能了解自然界所有事物的存在意义。珍惜、爱护、尊重存在于地球上的每一个个体，重视人类和大自然的和谐关系，喜欢感受大自然的和谐之美。

自然环境智能高的人，容易因为环境的变化感受也跟着变化，天生较为敏感。小时候，轻微的环境变化可能都会让自然环境智能高的孩子身体不适，给人一种身体孱弱的感觉，但随着年纪渐长这种情况通常会消失。有些人味觉、嗅觉相对敏锐，有些人第六感带来的直觉特强，还有些人能够运用身心去感受大自然赐予的能量，与环境磁场共振，是个有灵气的人。

由于对自然环境的敏锐感受，所以爱惜、尊重自然界的一切。喜欢去户外露营或踏青，感受大自然的美好，喜欢爬山或去海边欣赏大海的辽阔，能在大自然里观察、探索而自得其乐，也喜欢欣赏与动物、植物、地质或天文等与自然生态相关的节目、影片或图书。

教养建议

自然环境智能高的孩子属于环境敏感型的特质，需要较长时间适应未知的环境，所以要想方设法增强孩子对所处环境的安全感。让孩子有心理准备，可事先带孩子了解新环境，并陪伴在他身旁。通过闲聊让孩子放松，跟孩子讨论新环境的种种，哪些令他快乐，哪些让他感到焦虑，然后针对焦虑的事去处理。

家长平时可以带孩子接触不同的环境，认识其差异，多走走，多看看，慢慢地提升他们对各种环境的了解及适应力。另外，孩子应该多接触大自然，自然的景观、生态能让他们产生感悟力，并且为心灵提供能量。

职业发展建议

由于自然环境范围广，对自然环境智能高的人来说，职业发展的选择非常广，上至天文，下至地理都是可以考虑的，只要是和我们生存环境相关的产业都适合。从土地开发的地产行业、未来城市规划到生命科学相关的生物制药、医疗产业，甚至绿色环保、资源回收等生态保护与生态研究都是选项，如要更精确地选择，除了参考本身的5项核心智能外，还须结合其他优势智能做整体研判。

以下只是针对自然环境智能做广义的建议：

适合从事的职业：生物科学家、地质学家、兽医、资源环保、园艺设计、趋势专家、建筑师、考古学家、中西医师等。

适合就读的专业：景观设计系、海洋学系、环境保护、植物学类、地质学系、兽医系、考古系、绿色科技等。

音品智能

音品智能的结构

音品智能的定义为：对声音感受的敏锐程度，以及追求人和事物完美表现的渴望态度。其中音品的"音"泛指各种声音，包括语音、乐音、噪音等。音品智能高的人对声音的敏锐感受较强烈，尤其是细项的因子——敏感能高者，对声音的敏感性特质尤为明显。至于更善于语音还是乐音的分辨，则须搭配其他智能优势来判断，通常敏感能高者也较难忍受噪声。另外，声音范畴伴随的声音大小、高低、强弱、节奏、音调、音色、旋律等，也都是"音"的智能范围。

"品"字原本代表众多的意思，音品智能的其中一个解释是辨别众多声音的能力。"品"字也有评定好坏、评价、标准等意思，它的范围更广了，狭义的"品"只是针对声音感受的评定，广义的品则是对人、事、物的评价标准，所以音品智能高的人有追求一切满分的倾向，是完美主义的践行者。

音品智能的5个核心因子为：

敏感能：对声音的敏锐程度，以及所造成的情绪波动程度。

感受能：声音引发的自我感受的程度。

鉴赏能：对声音聆听、欣赏程度以及人、事、物的评价能力。

表现能：擅长于声音的展现。

创作能：对某一个主题有不同的创新做法，构成该主题的内容。

八大原智

语文智能 67.22
逻辑数理智能 52.69
视觉空间智能 107.48
自然环境智能 58.61
音品智能 60.14
肢体动觉智能 97.37
人际关系智能 75.15
自我觉识智能 95.63

音品智能

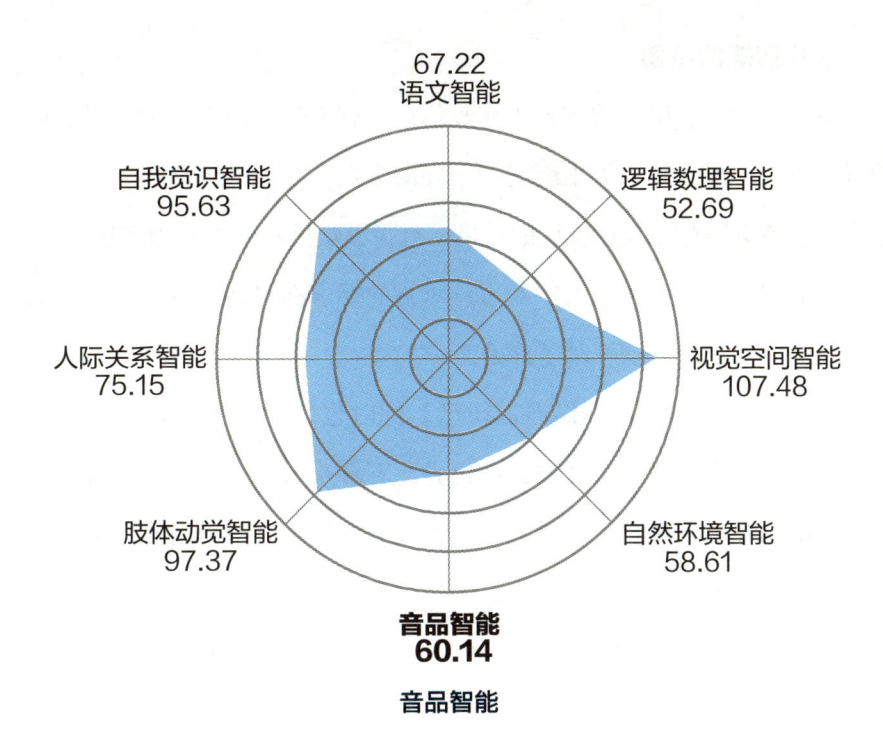

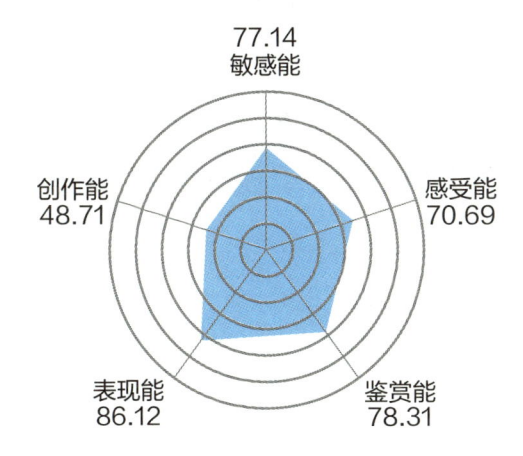

敏感能 77.14
感受能 70.69
鉴赏能 78.31
表现能 86.12
创作能 48.71

音品智能的核心细项

音品智能的特质

音品智能习惯用听的方式来接收信息，有极佳的倾听能力，对于声音的敏感度较一般人高，天生就是一个好的听众，对他人说话的口气十分敏感，很容易听出对方表达背后的动机，也很喜欢挑剔对方的用字遣词。

音品智能高的人，对人、对事、对物的要求都很高，有完美主义的特性，做任何事总是希望可以尽善尽美。

对人：严厉的特质不仅严以律己，同时也严以待人，和周围的人相处时，容易让人有压力。交友标准也高，不喜欢与一般人交往，喜欢结交有内涵的朋友，当然自己也具有浑然天成的贵气。对事：通常不太关注过程，而比较注重结果。在生活中，做事要求精准度，总能专心投入、不马虎，求好心切，会反复叮咛他人，给人一种爱唠叨的感觉。

对物：重视东西的质感和细致度，由于标准较高，容易给人爱挑剔的感觉，虽让身边的人觉得有吹毛求疵的倾向，却也总能挑选出质感出众的物品，或是做出细致性高的事物。

音品智能高的人比较有金钱观念，对财务的管理比较有概念，钱会让音品智能高的人更有安全感，所以音品智能高的人通常不缺钱，对物质的需求欲望较高。

教养建议

完美主义是音品智能高的优点也是缺点，这个类型的孩子太过吹毛求疵，标准太高容易给自己和别人造成压力。事情做得不够好，对音品智能高的孩子而言会是挫折，应该让孩子知道怎样在不完美中学习成长。可以用幽默的方式来引导这个类型的孩子，轻松看待自己与别人的不完美。

因为倾听能力很好，对语言与非语言的声响比较敏锐，适合往音乐鉴赏、词曲创作等发展。有些孩子能够协助事情执行得很有质量，有些孩子拥有音乐艺术相关天赋，师长可以观察其他智能给予适当引导。

职业发展建议

音品智能的高标准特质，让这个类型的人成为众人喜爱的工作伙伴。除了与音乐相关的工作外，质量督导、管控或执行任务型工作都适合，如要更精确的选择，除了参考本身的5项核心智能外，还须结合其他优势智能做整体研判。

以下只是针对音品智能做广义的建议：

适合从事的职业：词曲作家、音乐家、演奏家、品管师、财务金融、同声传译、营销业务等。

适合就读的专业：音乐系、声乐系、语文学系、营销学系等。

肢体动觉智能

肢体动觉智能的结构

肢体动觉智能的"肢"指的是四肢,"体"除了躯体,还包含皮肤表层的触感,所以肢体包括了身体各部分。动觉即运动知觉,它的功能是可以巧妙地处理自身与物体的关系,善于调节身体各部运动以及支配自己身体的能力。特殊的身体技巧,如弹性、速度、平衡、协调、敏捷等这些都是肢体动觉的能力。另外,肢体动觉优良者擅用身体的大肢体与小手指来生产或改造事物,喜欢运用肢体语言来表达想法和感觉。

肢体动觉智能的功能特色配比为内外两个层次,外层的肢体动觉主要的意义是身体产生运动知觉时所赋予的能量,简单地说,就是体能,肢体动觉智能越高的人,体能越好。肢体动觉的内层,也就是智能的核心因子(触感能、反应能、平衡能、律动能、操控能),则可以更清楚地知道体能的释放方向,例如,触感能高的人喜欢不自觉地触摸东西,来提升自己的安全感,而操控能高的人喜欢运动小手指,擅于精细动作。

肢体动觉智能的五个核心因子为:

触感能: 体表皮肤接触物体引起的各种反应强度,包括粗糙、锐钝、冷热、痛爽、滑细等敏感程度。

反应能: 肢体应对外在事物变化而发生的自然反射现象并能做出适当反应的敏感程度,包括特殊身体技巧如弹性、速度、力量、敏捷性。

平衡能: 保持平衡所需的感觉(视觉、前庭觉、本体觉、意识觉)与能力。

操控能: 善于动手生产或发明改造事物,手工技巧佳。

律动能: 肢体掌握音乐节拍,能做出规律而优美的动作。

第十二章 八大原智

67.22
语文智能

逻辑数理智能
52.69

自我觉识智能
95.63

视觉空间智能
107.48

人际关系智能
75.15

自然环境智能
58.61

肢体动觉智能
97.37

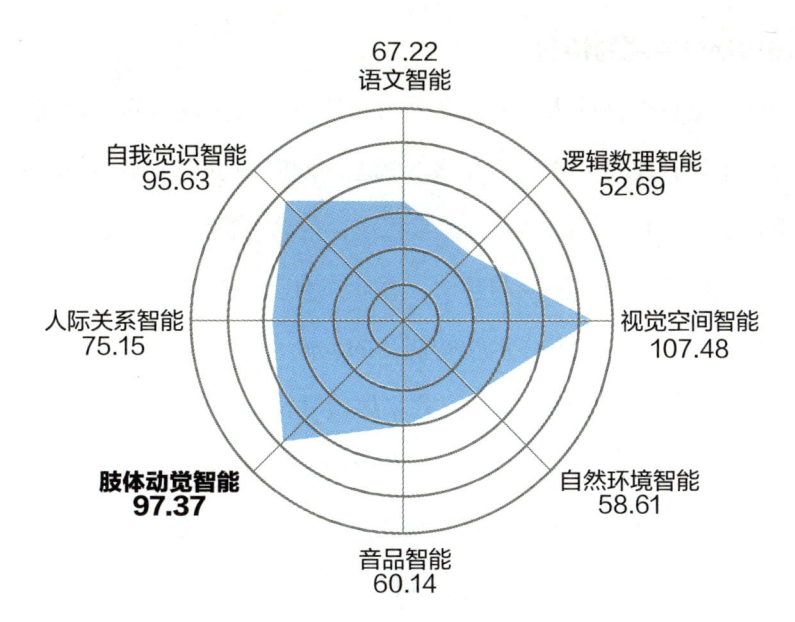

音品智能
60.14

肢体动觉智能

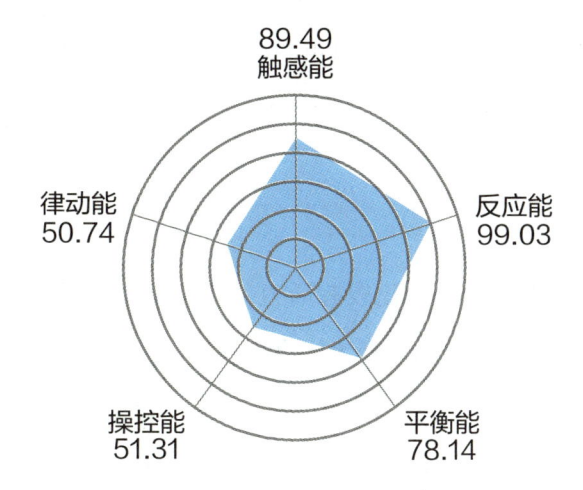

89.49
触感能

反应能
99.03

律动能
50.74

平衡能
78.14

操控能
51.31

肢体动觉智能的核心细项

肢体动觉智能的特质

　　肢体动觉智能高的人具有高活动力与体力，大多数时间，他就像一块充满电的电池，总是处于精力旺盛的状态。同时他也是个闲不住的人，常常没事找事做，有想做的事时会非常积极，行动力很强，想赶快完成它。

　　喜欢用肢体来表达感受与想法，喜欢亲自动手操作，喜欢拆解组装物品，在生活中，体验对肢体动觉智能高的人而言是非常重要的。他通过身体感觉来思考，运用边做边学的方式来体验事物。

　　肢体动觉智能高的人，说话的时候喜欢比手画脚，会用丰富的肢体语言来加强语意，让沟通对话增添互动和热络的氛围。动可以得到某种程度的疗愈，就像心情不好时，通过肢体能量的适度宣泄，心情很容易得到平复。动也是灵感与创意的来源，通过身体的移动或运动时，往往会有出乎意料的收获。

　　在团体活动中，主动协助或付出劳力，享受并乐在其中，是个贴心的好帮手。也会以身作则主动带头行动，让团队充满十足活力与行动力。

教养建议

　　肢体动觉智能高的人，比较有活力，建议从小多接受感觉统合的刺激，充沛的精力需要适当的运动才能得到释放，也才能静得下来。这个类型的孩子在学习时，家长可以让他先玩一会儿，释放一部分体力，这样他的专注力更高，学习效果更佳。不用在意孩子是否能乖乖地坐着学习，通过动中学的学习模式，一定会起到好的作用。

　　家长尽量提供一个宽阔、丰富的环境，让精力旺盛的孩子去施展肢体，体验学习或发泄精力，这对学习情绪也会有极大的帮助。父母应该多加陪伴、关心孩子，而非使用打压的方式来限制他们。可以多带孩子进行户外运动，让他们有足够的时间、空间施展肢体，宣泄旺盛的精力。

职业发展建议

肢体动觉高的人善于运用自己的肢体反应，也有较好的节奏韵律感与手指操控能力。

适合从事的职业：运动员、舞蹈家、演员、外科医生、导游、厨师、医护人员等。

适合就读的专业：表演艺术系、舞蹈系、演艺、模特儿、雕塑工艺系、设计学、餐饮管理系、机械工程系等。

人际关系智能

人际关系智能的结构

人际关系智能的定义为：能够觉察和理解他人的情绪、动机、意图，并处理自己和他人关系的能力。人际关系智能分为两部分：人际智能与关系智能。人际智能高的人懂人性，察言观色能力强，对他人的情绪变化、面部表情、动作都具有高敏感度，经常能从对方的言语、眼神、动作、表情中得知他人的动机或意图，并且能够分辨人际关系中不同的暗示，并针对暗示做出适当的反应。人际智能高的人甚至可以预判他人接下来的行为举动，对即将发生的人际关系事件预作推演与准备。

关系智能也可以称作人际往来智能，代表与他人交际往来的能力，关系智能高者善于与人相处，身处团体中有天生的自在感，平易近人，对人际往来的应对、进退都能表现得落落大方、能祌善舞、八面玲珑。

在现实生活中，了解人性者并不代表人际关系就一定好，它是两码事，也就是说人际智能高不代表关系智能一定高，这点值得注意。另外，人际团体里有人喜欢领导别人，有人倾向追随别人，这些相关特质必须参考核心因子，才能获得更精确的答案。

人际关系智能的5个核心因子为：

了解能：觉察、区分他人的情绪、感觉的能力，并不自觉地成为他人倾诉的对象。

感同能：容易为他人设想，对他人的想法或感受很敏感并且能理解不同的观点。

领导能：带领众人往共同目标前进的能力，但也喜欢以自我为中心并教导他人做事。

协同能：热爱参与团体活动，并乐于协助、配合团队往工作目标前进的能力。

沟通能：觉察、区分他人意图的能力，并不自觉地喜欢猜测别人的动机、目的。

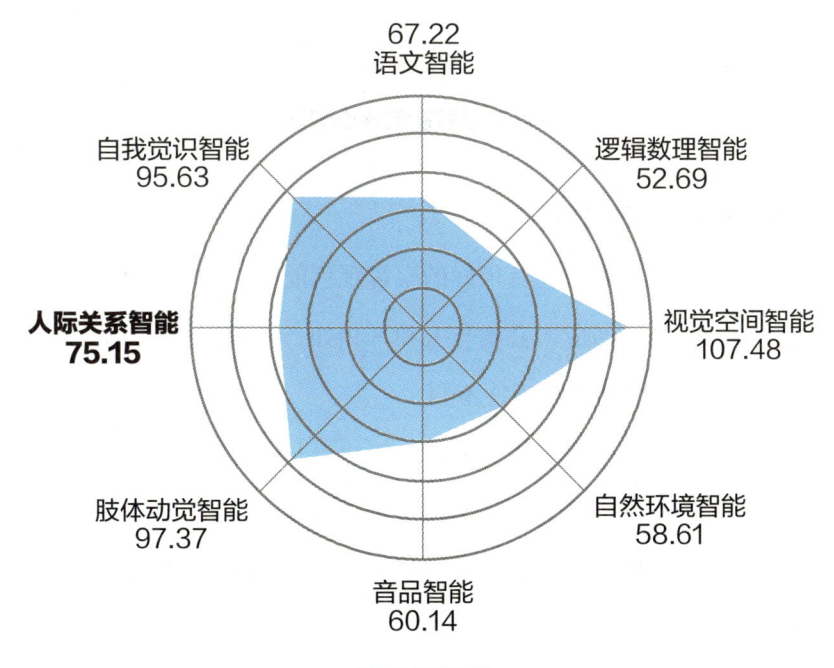

语文智能 67.22
逻辑数理智能 52.69
视觉空间智能 107.48
自然环境智能 58.61
音品智能 60.14
肢体动觉智能 97.37
人际关系智能 75.15
自我觉识智能 95.63

人际关系智能

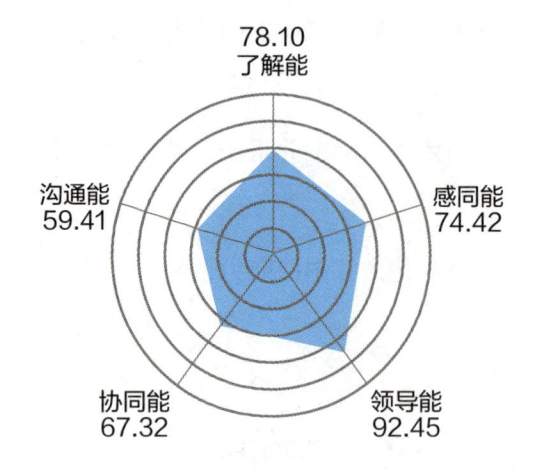

```
          78.10
          了解能
沟通能              感同能
59.41              74.42

   协同能      领导能
   67.32      92.45
```

人际关系智能的核心细项

人际关系智能的特质

人际关系智能高的人拥有很好的察言观色能力，擅长洞悉他人的情绪与动机并做出适当的回应。喜欢与人和平相处，凡事以和为贵的特质，让自己交友甚广，在生活上也无往不利。

人际社交在生活中占有重要地位，喜欢参与团体活动，身边总是有一群好朋友。不吝分享自己拥有的东西，肯为团队或他人服务、默默付出，乐于为他人做出贡献，并从中获得成就感，提升自我价值与社会认同感。

贴心的特质总是处处为他人着想，在乎他人的感受，即使清楚知道他人的意图，还是愿意牺牲自己、做出让步与成全他人，不轻易拒绝他人，总会优先做别人的事，而忽略自己当做的事。

喜欢被人赞美与肯定，对人际关系智能高的人来说，它是付出、服务的动力来源，它能够激励自己，也能疗愈自己。当人际智能高者对他人做出贡献时，一旦得到对方真心的感谢、赞美时，他心中就会浮现这样的声音:"一切付出都是值得的!"并因此愿意再次做出更大的付出与贡献。这样过于感性的特质,处事时容易优柔寡断或因人废事,这点值得注意。

教养建议

人际关系智能高的孩子,家长通常无须担心他的交友能力,反而应该注意他的交友情形,所谓近朱者赤,近墨者黑,这是人际关系智能高的孩子的教养课题。

人际关系智能高的孩子,通常也较讲义气,但缺乏自我意识,所以交友的选择很重要。

人际关系智能高的孩子,焦点经常在他人身上,在乎他人的感受,学龄前特别在乎父母对他的评价,进入学龄阶段后,一开始在乎老师对他的观感评价,后来在乎同学对他的感受。好的人际关系对他的学习至关重要,他会因为喜爱某位老师而拼命学习,也会因为讨厌某位老师而厌恶学习,而喜爱或厌恶的关键就是对方是否认同、赞美他。

人际关系智能高的孩子会不自觉地尊敬、崇拜他所认可的人,并视为学习模仿的对象,所以身教对这个类型的孩子格外重要。

职业发展建议

人际关系智能高的人,善于处理人际相关问题,喜欢与人互动来往。

适合从事的职业:领导管理、顾问、人力资源、业务销售、公关服务、社会工作、咨询师等。

适合就读的专业:企管系、营销管理系、社会工作学系、政治系、外交系、心理辅导系、大众传播系、教育学系等。

自我觉识智能

自我觉识智能的结构

自我觉识智能的定义为：能够深入自己内心世界的能力。简单地说，就是自我觉识智能高的人，自我理解的能力强，他自认为是一个很了解自己的人。事实上，自我觉识智能高的人喜欢探寻自我，一生都在找寻所谓的真我、我从哪里来、要往何处去，所以看似很了解自己，其实又很模糊。

自我觉识智能的结构可以引用弗洛伊德的人格理论，他把人格结构分为本我、自我和超我三层。本我是本能反应的我，满足生存的基本欲求，就像动物，目标只有一个——生存，它深植于人的潜意识层，通常是无法撼动的；超我则是良心的我，它摒弃了自己的私欲，以社会道德与价值观为依归，超越了自私的小我，成就了众人的大我，所以称为超我；自我是现实主义的我，既要满足自我欲求的冲动，又必须考虑外在现实的行为后果，是社会化的过程。

自我觉识智能是一个由内向外的智能，从本我、人性的探索到超我、神性的追求，都是他探寻的内容。人性的探索更多的是对本我内在的渴望与自我的觉知，包括自尊、自省、自知、自律、自决、自处、自信等。神性的追求则是：生命何来？生命何去？生命的价值与意义为何？生命的永恒等，追寻大自然的规律并感叹造物者的力量。自我觉识智能高的人，人生更倾向经历的过程，只是每个人的时间与路程各有不同，端看后天的境遇。

在自我觉识智能上，我与迦德纳博士的多元智能定义范围是不同的，我所诠释的自我觉识智能同时涵盖了内省智能、存在主义智能与宗教智能。

自我觉识智能的主要5个核心因子为：

自知能：对自己相当了解，明白自己的优点和缺点，也能意识到自己的情绪、动机、脾气和欲望。

自省能：能检视已发生事的对错或将要发生事的价值的自我察觉程度并依此做出适当行为。

自律能：能自我规范，遵守外在法则、制度并服从自我内在价值的主动程度。

同理能：由自己的经验引发情感，去感受体谅他人的程度。

慈悲能：对他人、他物、他事的不好遭遇心存慈爱悲悯的感动程度，喜欢与人欢乐，解人苦难。

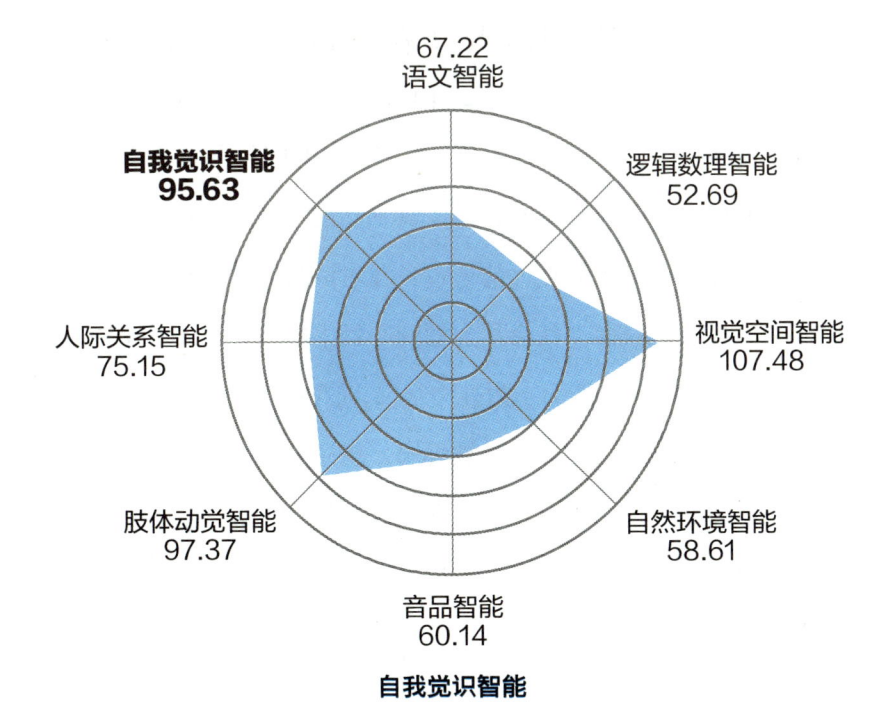

语文智能 67.22
逻辑数理智能 52.69
自我觉识智能 95.63
人际关系智能 75.15
视觉空间智能 107.48
肢体动觉智能 97.37
自然环境智能 58.61
音品智能 60.14

自我觉识智能

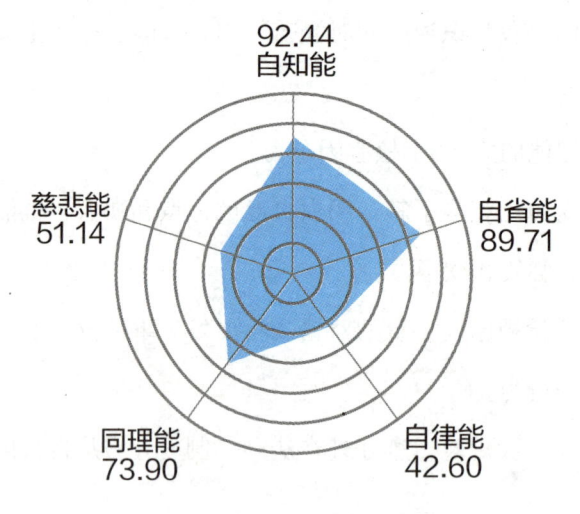

```
              92.44
              自知能

    慈悲能              自省能
    51.14              89.71



    同理能              自律能
    73.90              42.60
```

自我觉识智能的核心细项

自我觉识智能的特质

自我觉识智能高的人，能自我觉察内在的情绪、动机、脾气，清楚自己的能耐与特质，拥有独立的思想，了解自己的心思，个性比较内求，不喜欢假手他人，自己独立完成事情，相信能凭一己之力掌控自己的生活。因此个性比较独立，喜欢独处，让自己有沉淀的时间与空间。

自我觉察能力强，经常反省自己，具有高度自知、自律、自尊心的特质，同时也知道自己的优缺点，能通过自我对话与内省来提升自我。对自我要求高，一旦设定目标，就会尽力做到心目中的一百分，处事态度不屈不挠而且耐力十足。抗压能力、耐挫力很强，喜欢挑战自我，超越自我。

自我意识强，坚持己见，不易被说服，想做的事一旦设定目标，没人拦得住；不想做的事，八级风也吹不动。有自己的想法，从小思维比较成熟，对于宗教、哲学、思想、教育的精神层次，随着年龄渐长，会有心灵上的追求。

教养建议

自我觉识智能高的孩子，自我意识较高，知道自己要什么，喜欢自己做决定，对事情拥有掌控权，期望受到他人的尊重，不喜欢受他人的指点行事，师长最好以孩子能接受的方式来协调沟通事情。

自我觉识智能高的孩子，从小就比其他孩子心智成熟，喜欢自己做主，独立能力强，自我意识较高，不容易受他人的影响，甚至会挑战大人，不喜欢被管束或被唠叨，更不喜欢被别人过度指责。从小将他视为小大人，让他可以自己负责任地决定事情，是个轻松又有效的教养方式。

择善固执，除非自己真的认同某件事，否则不容易被他人说服，遇到困难常会硬着头皮自己想办法解决，这些都是教养上要注意的。

有明显的英雄主义特质，不随便信服别人，眼界高，需与他长时间的相处，当他认定对方是有能力的英雄时，才会甘拜下风，信服对方的话与建议。所以为自我觉识智能高的孩子树立榜样是非常重要的，建议从小多阅读一些伟人传记，培养不凡的人格特质。

职业发展建议

懂得自我觉察，拥有坚强的意志力与坚定的信心。

适合从事的职业：教育家、哲学家、宗教家、思想家、医生、社工人员、企业领袖等。

适合就读的专业：教育学、哲学、心理辅导、宗教学、工商企管、社会工作、医学等。

第四部
Part 4

擅用天性与天赋成为人生赢家

第十三章　选对赛场　自然胜出

有一天，动物王国举办一年一度的"铁人三项"运动会，动物家族们派出它们族里最优秀的动物参加比赛，希望能代表家族获得最高的荣誉。参加的有花豹、兔子、乌龟和猴子四支队伍，"铁人三项"的项目分别为：

第一项为10米爬树比赛，谁最快到达树顶谁就是冠军。

第二项为百米竞速赛跑，谁能以最快的速度到达终点线，谁就是冠军。

第三项为200米游泳竞赛，谁最早到达终点谁就是冠军。

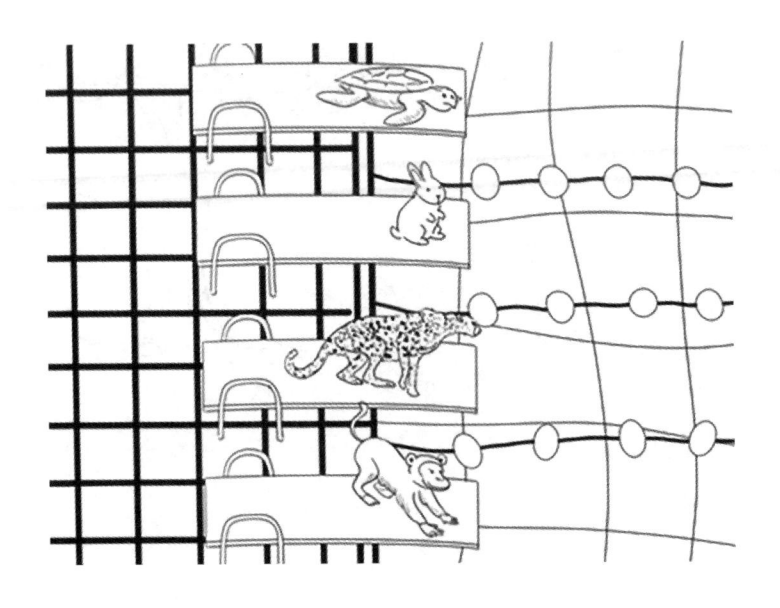

如果让我们来预测谁是百米赛跑的冠军，答案肯定是花豹，因为它跑得最快；猴子肯定是10米爬树比赛的冠军，乌龟肯定是200米游泳竞赛的冠军，因为那都是它们最擅长的。

相信大家都同意，这样的比赛在还没开始之前，胜负早已注定。或许你会认为这样的比赛不公平，然而并非比赛不公平，比赛只要按比赛规则走，它就一定是公平的。其实真正的关键在于参赛者，参赛者参加了对自己不利的比赛，成绩不尽理想是意料之中的。

以上故事，给我们怎样的启示呢？

1.选对赛场，自然胜出。

2.要得第一就做自己最擅长的事。

选对赛场，自然胜出

"天生我材必有用"这句话是自我安慰的良药，更是地球上各种生物赖以生存的演化结果。

举例来说，猴、猿、人三者同样是灵长类动物，但在几千万年的演化过程中，生命会自然找寻出路，在"可以活下来"的生存原则下演化成对自己最有利的形态与基因，猴、猿、人三者注定要分道扬镳。

猴最早是居住在树上的，随着环境变化，树上食物短缺，有些猴迁移到草原上来居住，猴都有尾巴，可用来保持平衡，方便在树干上奔跑，甚至能用来抓握东西，尾巴对于猴来说，是它生存的重要身体构造。猿则不同，猿与猴最大的差别在于大部分的猿是没有尾巴的，猿的尾巴已退化而不可见。相较于猴，猿更多的时间是生活在地面上，猿的上臂灵活，前进奔跑大多用两只下臂，爬树则用上臂攀着枝藤，已不再需要尾巴，尾巴也成为分辨猿与猴最直接的方式。猿主要栖息在热带雨林里，最初分布在非洲和亚洲，至今约200万年前，气候的变迁、食物的缺乏，人类的祖先为了求生存，必须每天进行长达二十公里的长途跋涉，狩猎采集食物来求取生存，通过漫长的迁徙，人类遍布世界。

从猴的以树上为主要栖息地，到猿以部分树上、部分地面的栖息方式，最后人类离开树、离开原有的栖息地而走向地界各地来探讨"天生我材必有用"。猴的"材"是尾巴，猿的"材"是灵活的手臂，而人的"材"则是狩猎采集所需的智慧。

灵长类动物演化的过程既是演化，也是进化。所谓的进化是生物为了让自己可以生存下来，长时间的基因与形态构造的变化。地球上所有的生物都是在这个原则下活下来的，每种动物也有它的生存本能，就像"铁人三项"运动会里的四种动物，各有各的专长：花豹擅于奔跑捕猎，兔子擅于挖洞躲藏，猴子则擅于树上活动，至于乌龟，相较于前三者则更擅于水中活动。

在"铁人三项"比赛中，唯一没有获奖的是兔子，因为三项比赛都不是它擅长的项目，如果多一项挖洞的比赛，冠军非兔子莫属，比赛结局也就会皆大欢喜。所以只要选对赛场，要输也难。

选对赛场与赢在起跑线，哪个更重要呢？

人们总是喜欢为"明知不可为而为之"的努力、毅力、不放弃而喝彩，就像《龟兔赛跑》的童话故事，乌龟的勤奋、有毅力值得赞扬，然而现实生活中，聪明的兔子不会只有一只，聪明又勤奋的兔子们更是比比皆是，乌龟又何以获胜呢？即使让乌龟提早出发，赢在起跑线，它也未必能获胜，所以赢在起跑线也不如选对赛场来得重要。

人生也是如此，选对自己的赛场，自然胜出。

要得第一就做自己最擅长的事

让胜利的基因继续延续下去

生命繁衍的定律就是让最好的基因留存下来。一个人在成长过程中必定要经历无数次的竞争，不论过去、现在、未来，都是如此。"铁人三项"比赛是人生各种求胜经历的缩影，在人生的赛道上要赢得比赛，首先必须是选对赛场，在自己最有把握、最擅长的领域参赛，才有机会赢得比赛。其次是要赢过参赛的对手，假如爬树比赛的参赛选手都是猴子，百米竞速赛跑的参赛选手都是猎豹，那么比赛绝对赢得不轻松。"铁人三项"比赛的故事告诉我们，有时候真的不是自己有多努力，就一定会得到自己想要的结果。当然要将自己最有把握、最擅长的项目拿出来比，也就是做自己最擅长的事。

别再帮孩子选错赛场了

每个孩子都有不同的天赋，有些孩子擅长读书考试，有些孩子擅长运动，有些擅长绘画、音乐、艺术创作，人各有所长，也各有所短，样样精通的人少之又少，就像猎豹虽擅于奔跑却不如兔子挖洞的能力强，猴子爬树功夫了得，却不擅于水中游行。父母应该先了解自己的孩子擅长的是什么，不擅长的又是什么，找出孩子更适合于何种赛场，而不是盲目地将孩子推上赛场，好比参赛"铁人四项"输了三项只赢一项，胜出率只有25%。这种情形长期积累会让孩子在潜移默化中丧失自信心，得不偿失！

第十四章　补弱是惯性，顺强才是王道

补弱是惯性

顺强还是补弱

假如孩子带着考试成绩单回家，数学考了95分、语文80分、英语60分。请问家长，看到成绩单后，你最想帮孩子加强哪一科的成绩呢？

这个问题，在我几百场的父母学堂讲座上，对几万人做了非正式调研，有超过半数的父母选择英语，只有极少数父母选择数学。调查背后的主要原因有二：一是"木桶理论"用错地方，另一个是追求"法古今完人"（指培养天地间坚毅不屈的浩然正气，效法古今完美道德的圣贤）的错误迷失。

什么是木桶理论

木桶理论是由美国管理学家劳伦斯·彼得提出来的，他以一个木制水桶来比喻企业团队的效能高低与水桶木板长短关系。其核心概念为：一只圆木桶由多片木板组成，每一片木板代表团队的一分子，木桶盛水越多代表团队效能越佳，但决定盛水多寡的关键不在长的木板有多长或有多少，而是最短的一片木板，它决定了水桶的容量。水位一旦到达最短木板的高度时，加再多的水，都会流出来，所以木桶盛多少水，关键不在长木板而是短木板，所以木桶理论又叫短板理论。

长板的长度再怎么长，都被短板给限制住了，再大的木桶，如果桶底破个洞，水是盛不起来的，所以劳伦斯·彼得大师认为要增强团队的综合实力，必须将团队中较弱的短板分子补强。

木桶理论用错地方

木桶理论的思维让更多人不想成为害群之马的短板者，学校的教育、父母的教养都把焦点放在短板上，然而如何让短板变长板？木板会长长吗？木桶理论可以用在团队效能，却不适合用在个人的竞争能力上，每个人都有自己的长板与短板，要赢别人当然是靠自己的长板而不是短板，让自己的长板发光发热才是职场竞争的优势。

百分百完美人的错误认知

多数父母期盼自己可以培养出完美无瑕、盖世无双的孩子。试问世界上有这样完美的人吗？身为父母的我们都不是完人，又如何要求孩子成为完人呢？很多父母曲解了完人的意思，完人指的是人格圆满，道德、行为毫无缺损的人。重点在品格、道德，也就是一个人德行的完美，而不是样样得第一，十八般武艺样样精通的孩子。补弱有一定的必要性，但并非事事都需要补弱，就像音乐家数学成绩未必好，文学家物理化学的成绩也未必那么重要，大人做不到，孩子也做不到，既然做不到，就放下这样的执念吧！

补弱的三大影响

补弱的执念不仅发生在课业成绩上,它似乎也是一种生活中的常态,更是几千年来家庭文化乃至宗族传统不自觉的一种思维惯性,因为从小长辈就告诉我们要追求至高无上的完美境界,所以凡事要补其弱、补其短。这种教育思想一代传一代,不知不觉中已经对孩子的人格特质造成重要影响。

影响1:补弱容易养成负面的思想惯性

美国作家珍妮·艾伦(Jennie Allen)研究神经科学文献后发现,人脑一天最多可产生6万种意念,高达7成都是负面的念头。这些念头不外乎:"我不行,我一定做不到""他不爱我是因为我不够好""孩子会这样,是我不够努力"等。归根结底,都是我们对自己过分苛责,期望自己是完美的,可以扮演好各种角色:当学生时,考试就是要满分;工作时,表现要良好并恰如其分;成家后,更是要扮演好妈妈、好太太、好女儿、好媳妇等角色。但过高的自我期待正是挫折感的来源,负面想法也容易接踵而来。这些标准有些是外界的期待,有些则是不切实际的自我想象。

影响2:负面的俄罗斯方块效应

哈佛医学院精神病学系做过一项研究,他们付钱给27人玩俄罗斯方块,一连3天,每天数小时之久。实验结束后,有些参与者连续几天都禁不住梦见方块从天而降,有些人甚至每时每刻都能看见那些方块,即使清醒时也一样。简单来说，他们就是无法停止看见一个由俄罗斯方块排列而成的世界，这个现象被称为"俄罗斯方块效应"。

俄罗斯方块成瘾者在生活中会不时地出现方块的影像与现实环境物件的重叠或组合，这不只是视觉问题，事实上连续玩数小时的俄罗斯方块还会改变大脑的运作模式。根据后续的研究发现，持续不断地打电玩会在大脑中建立新的神经连结，扭曲人们看待现状的方式。

虽然我们每个人对生活意义的理解不尽相同，在遇到困难时采取的方式、方法也不尽相同，但不同的思维方式带给我们不同的解决办法，而不同的解决方法又会导致不同的结果。只有选择正向思考，正确对待生活中的困难，才能成就更加美好的自己。

影响3：脑容量缩水，孩子会变笨

补弱外在行为的表现，最明显的就是父母师长教育孩子的方式与标准，不自觉的行为就是当孩子表现不够好时，父母师长基于爱之深、责之切，轻者责备，重者打骂，这些方式可能已经对孩子造成长远的影响了。喜欢打骂孩子的父母，更需注意以下的研究发现。

日本熊本大学与美国哈佛大学合作研究18岁至25岁的青年男女，发现如果在成长过程中，经常挨骂，特别是被骂笨的话，长大后，真的可能会变得比较笨，因为经常挨骂的人，长大后的脑容量会比同龄人小1/10，男性的比例更可怕，有人甚至缩水1/6。研究发现，常受到精神压力的孩子，脑部发育很可能会停止，语言暴力的杀伤力远比想象中惊人。语言暴力会导致大脑中与语言、记忆有关的部分发育停滞，脑部两侧的颞叶容量也比一般人小，甚至停止生长。因此，教育孩子时的用字遣词不仅与人格特质的培养有关，更关乎孩子的脑部发育。

小结：代价极高的机会成本

还记得本章一开始提的问题吗？

假如孩子带着考试成绩单回家，数学考95分、语文80分、英语60分。请问家长，看到成绩单后，你最想帮孩子加强哪一科的成绩呢？

补弱的惯性思维会让家长选择60分的英语，只要努力学习就会有40分的进步空间，而数学得了95分，进步空间也就只有5分了。所以从学业成绩的角度来看，加强英语，进步的空间更大，考试的总分数也可能更高，当然名次也就更靠前了。这就是同一时间里，如果只有一种选择，你把注意力集中在哪里，所获得的回报会更多、更好的机会成本，从考试分数的进步空间与总成绩来看，似乎选择英语的机会成本更好。

然而，多数人却忽略了学校考卷的分数满分是100分，而人生赛场的成绩却不是100分，它有可能是300分、500分甚至1000分。端看每个人的天赋与后天的努力，每个人在不同的领域都有他的极限能力，某人英语能力的极限是80分，再怎么努力也不会达到100分，他顶多进步20分，而数学是他的强项，学校成绩考95分，表示是他擅长的，同时也代表他可能还有更大的表现空间，绝对不只是区区的5分，有可能他的分数极限是500分，这也就表示他还有405分的进步空间，所以很可能数学就是他的天赋，找到天赋是没有天花板的。正确来说，每个人最大的成长空间，在于他最擅长的领域。

数学与英语的例子，主要是告诉父母不同的选择会出现不同的机会成本，选择英语是补弱，如果英语确实是自己不擅长也不喜欢的科目，再怎么努力也无法与这个领域既努力又有天赋的人匹敌。相反地，如果将时间投注在自己既擅长又喜欢的领域，既能够胜出，又有无限发挥与想象的空间。还记得前面章节所提的"以终为始"的教养观吗？我们教养孩子最终的目标是希望他在人生的赛场表现优异，得以安身立命，相较于学校的成绩只是过程，结果与过程若只能选一个，这个机会成本的选择，相信父母们应有睿智的答案了！

顺强才是王道

看过一个纪录片，一头母熊生了三只小熊，在哺育的过程中由于食物短缺，母熊必须做出残酷的决定，要么同生共死，平均喂养这三个熊孩子；要么当机立断放弃其中一只小熊，以换取另外两只熊孩子的生存。母熊选择了后者，放弃其中一只小熊。你猜母熊选择放弃生存能力最强的熊大，还是居于中间的熊二，又或者是最没有生存竞争力的熊三？

答案是放弃熊三，因为动物的行为本能，会让最有机会繁衍下去的基因传承下来。

可能你会认为，或许只有熊才会如此，其实大多数动物会和熊妈妈一样做出如此残酷的决定，例如，栖息在靠近南极洲的海鸟，母鸟孵化了两只幼鸟，在喂养的过程中，遇到和母熊一样的食物短缺问题，必须舍弃其中一只幼鸟，母鸟只好让两只幼鸟自相残杀，获胜的会活下来。

繁衍的本能是将强基因传承下来

地球上的生命以多样形式存在与繁衍，动物是最大的类群之一，动物行为更是自然学家、动物学家、人类学家，乃至脑科学家、心理学家、哲学家喜欢研究的项目。因为动物的行为包括一切运动、摄食、繁殖、迁徙以及衍生出的社会行为等，都是人类演化与科学发展中，可以参考与运用的知识材料。

动物行为中的繁衍本能，就是将较强的基因传承下来，所以，以上的两个例子，就动物行为来看，一点也不奇怪。

顺强比补弱重要

从遗传基因学的角度来看，当母体的卵子受精的那一刻，就已经决定受精卵是父母基因最强的组合，但这并不能保证自己的基因一定能胜过别人。人注定各有所长，亦有所短，不论家庭教育还是学校教育，不仅要扬其长还要补其短，这是普遍的教育观点。至于在工作时，则必须扬其自身之长，避其自身之短，才能顺利达成预期的工作目标。

管理大师彼得·杜拉克说过："唯有了解自己长处的人，才能一直享受工作。"知道自己的长处，就能找出自己擅长的工作方式，如果一直以自己不擅长的方式工作，就会落入成效不彰的状况。把弱点改善到一般水平，比将一流的能力加强到超越一流，更耗精力。与其被"不能做什么"的执念困住，你更该花时间思考"自己能做什么"，不要花时间提升自己表现平平的领域的能力，应该集中加强自己的长处。

因此，顺强比补弱更重要。

成为王者，世界才能看见

"成为王者，世界才能看见"，这句话听起来虽然有那么点残酷，却是现实。请你来回答几个问题：在你的印象中，最厉害的篮球明星是谁？谈起高尔夫球，你会想到谁？说起钢琴演奏，你会想到谁呢？

毫无疑问，答案肯定是当代相关领域最有名的人物。回想每四年一届的世界奥运会，各种项目的比赛成绩，最后大家记得的都是第一名，有谁还记得第二名、第三名是谁呢？更遑论第四、第五、第六名呢？所以只有真正成为王者，世界才能看见。

小结：擅用天赋，顺应天性，创造人人不同的完美

知名导演李安接受采访时曾经说过："我真的觉得，除了电影，别的我没有选择，都不会干，一做跟电影相关的事，我人就特别灵光。"美国人本主义心理学家马斯洛（Abraham Maslow）也曾经说过："知道自己想要什么并非正常现象，而是一种罕见而且困难的心理成就。一个人最好的运气和最大的福分，就是有人付钱请他从事他衷心喜爱的工作。"巴菲特这么说："如果想从我身上学到什么，我最中肯的建议就是：'每天起床后，有机会做自己想做的事。'"

以上三位名人在各自的领域是人人尊称的大师，而他们的共同点就是找到自己擅长的与喜欢的事并积极投入，乐此不疲，也做出了成就，让世界看见。

顺强才是王道就是擅用自己的天赋，顺应自己的天性，扬长避短，做自己最擅长、最喜欢、最有热情的事。而天赋与天性的量化标准就是48项智能，对每个人来说，这48项智能好比身上拥有的赖以生存的48把利器，

每把利器的形状、大小、款式各有不同，也都各有所长，各有所用，如何擅用它们，端看个人的想法与需求，就像李安导演做跟自己兴趣及天赋相关的事，就特别灵光、有力量，股神巴菲特又何尝不是呢？

48项智能是每个人各有的潜能，共有14亿2000多万种组合，要成为世界的王者，必先成为自己的王者，擅用天赋，顺应天性是关键，找出48项智能的成就密码，走出自己的专属之路，创造人人不同的、完美的天赋之道。

第十五章　天性与天赋的实证

厌学的孩子怎么办

——天赋教育导师：叶家邑

缺爱的反作用力

我叫叶家邑，目前是IGS天赋原智特聘一级咨询师，也是IGS讲师！10年前，我经历过孩子的厌学，曾经是一位超级无敌大虎妈！我有9个兄弟姐妹，我排老小。父亲在我3岁时因肝癌去世，母亲为了孩子，一生未再嫁，含辛茹苦抚养我们长大。母亲重男轻女的传统观念，也造就了我独立自主、一切靠自己的刚强意志力，要强、傲慢地活着！

在求学的记忆中，父母一直是缺席的，学校的每场亲子活动，我都是孤单地走过来的！渴望被爱的我，结识了温柔体贴的先生，在幸福的路上，诞生了最甜蜜的小生命——女儿！我发誓，我要弥补小时候父母无法给予我爱的所有缺憾，我要用300%的爱来爱我的孩子！

要强的爱是把利剑

小时候家里经济状况差，除了缺少母亲的爱，生活物质上也是明显匮乏的，所以我除了用300%的爱来爱女儿，吃的、用的、穿的、玩的，乃至于居家的布置等，都尽一切所能满足她，我以为这就是爱！为了满足物质上的爱，我努力工作赚钱却疏于与孩子相处。

女儿4岁那年，我竭尽所能给她找了当地最好的幼儿园准备就学。孩子4岁前是我的小姑带，她跟小姑比跟我还亲，就像母女一样。当时我不顾及她俩浓郁的情感，执意带孩子回来，强迫孩子上幼儿园！女儿长大后跟我分享，那是她人生中的第一次失去，当时还小，不懂什么是分离，但刻骨铭心！我也才明白了，小姑全家来看她，离开时，为什么女儿总是哭得撕心裂肺！

女儿上了幼儿园，破纪录哭了3个月！（学习后才知道，孩子缺少安全感，也会焦虑）从入园当天开始，我给她报了所有才艺班，也积极参与学校所有的活动，并期待她样样表现第一。无意中，我已将自己儿时的梦想悄然地加在了孩子的身上，我曾经有过当明星的梦想，既然当不了明星，当星妈总可以吧！于是有任何舞台的展演机会，我完全不会让孩子错过！

以爱之名，行控制之实

给孩子这么多好的资源，我认为优异的表现与第一名的成绩理所应当成为她的回报。当时我的所作所为是地地道道的"虎妈"。记得幼儿园毕业典礼时，我是毕业生家长致词代表，坐在贵宾席，离女儿上台表演最近，由于女儿对我的惧怕，整场表演她抿嘴、畏畏缩缩的表现，真把我气到………当时自以为是的我，常常是"以爱之名，行控制之实"，完全没意识到在女儿教养上的危机！

女儿上了小学，我当了6年的家长代表，一路上都在帮女儿选择环境、安排发声！学校和校外课后补习班的老师和同学都知道她怕我，和我有疏离感，遇到事也不愿求助于我。长大之后，才知道当时安亲班有名同学，威胁女儿每天帮她写作业，就这样被霸凌了3年！

课业的压力、同学的霸凌、必须保持优异的成绩，加上缺乏母亲的关爱，渐渐地女儿开始厌学，虽然小学以获得省长奖第四名的成绩毕业，也顺利考上初中数理培优班，但女儿知道这并不符合我期待的标准。此时她心中已经种下了一颗报复的种子，她决定用叛逆、不听话、不守规定、不好的成绩来惩罚我，让我伤心。

升入初中后，从小乖巧、懂事的女儿，突然变身成熟悉的陌生人，状态开始荒腔走板，上课睡觉或玩手机，一再被老师抓，警告一次又一次，教务处不断地约见我！当下排山倒海的挫败感，真让我承接不住！

踏上学习之路

感恩上天的眷顾，幸运地在女儿即将逆反的阶段，找到了IGS这份救命稻草般的生命礼物，开启家庭教育的学习，开始学习如何为人父母，如何承接孩子叛逆的历程。

透过IGS的学习，才明白，我给孩子的是我想要的，并非孩子的需要！原本想要撑起孩子的一片天，却适得其反把孩子推入万丈深渊！想要守护成为她的靠山，却变成了她乌云罩顶的泰山，但再多的觉醒与后悔，也换不回孩子的童年。她告诉老师，要把我从小的对待，加倍奉还给我，这叫人情何以堪!

有图有真相

面对女儿的所有行为和不可控状态，48项天赋智能测评的两幅评量天赋图，给了我真相与答案！知道了却也迟了，孩子正在全面启动战斗力，用"放弃自己来惩罚我"。当孩子选择"放弃"的方式来对抗父母时，我深知"冰冻三尺，非一日之寒"，不是一朝一夕就可以解决的，她是我的女儿，我必须为过去负责！我开始对我的错误行为反思，从测评报告总结如下（如附表）：

①我擅长的（手工艺）竟是女儿的弱项；我的弱势却是女儿的优势（漫画创作）；

②我渴望站上舞台，享受当下的成就感（戏剧）；女儿胆小，害怕上台；

③我行动力爆棚超过100分（肢体动觉智能）；女儿行动力倒数第二；

④女儿视觉空间智能高，有艺术美学的鉴赏力，喜欢摄影，我却怕影响课业而禁止她；

⑤女儿双重性格，外强坚强，内心却很柔软，玻璃心、爱面子，我却经常刺痛她。

| 172 | 精准教育

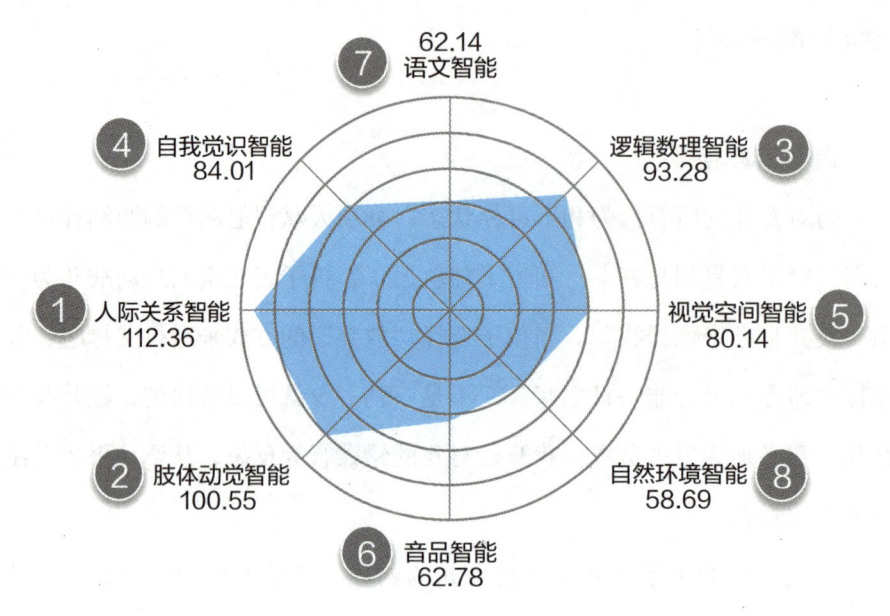

7 62.14 语文智能
4 自我觉识智能 84.01
3 逻辑数理智能 93.28
1 人际关系智能 112.36
5 视觉空间智能 80.14
2 肢体动觉智能 100.55
8 自然环境智能 58.69
6 音品智能 62.78

母亲的图

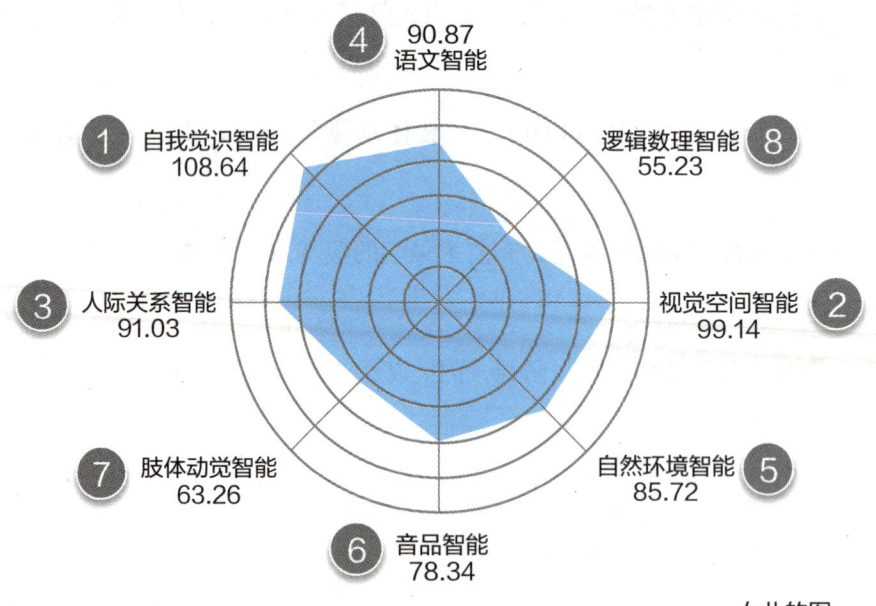

4 90.87 语文智能
1 自我觉识智能 108.64
8 逻辑数理智能 55.23
3 人际关系智能 91.03
2 视觉空间智能 99.14
7 肢体动觉智能 63.26
5 自然环境智能 85.72
6 音品智能 78.34

女儿的图

八大原智图

兴趣才艺排名

妈妈				女儿			
排名	项目	排名	项目	排名	项目	排名	项目
1	戏剧	11	吉他	1	户外活动	11	魔术
2	手工艺	12	舞蹈	2	漫画创作	12	钢琴
3	魔术	13	模型制作	3	绘画	13	相声
4	书法	14	文学写作	4	摄影	14	小提琴
5	户外活动	15	打击乐器	5	文学写作	15	烹饪
6	棋艺	16	烹饪	6	书法	16	吉他
7	绘画	17	小提琴	7	模型制作	17	打击乐器
8	相声	18	合唱团	8	速读	18	戏剧
9	钢琴	19	漫画创作	9	棋艺	19	舞蹈
10	速读	20	摄影	10	合唱团	20	手工艺

原来我的误区就是认为自己是对的。女儿是我生的，当然一定像我，我喜欢的她也一定喜欢，我擅长的她也一定擅长。错！错！错！每个人都是独立的个体，虽有遗传基因，但个性特质、兴趣爱好不会是一样的，先懂孩子再懂教，不懂孩子，怎么教？

培养孩子的才艺，走了很多冤枉路，花了很多冤枉钱，更挫败了孩子的自信心！在IGS学习之后，自己深刻觉醒，我必须义无反顾去学习如何当个有智慧的妈妈，开始勇敢改变自己，开始用适合她的方式去守护她！

浴火重生，迎向圆满

女儿曾经对我说，我总是在她最需要的时候，不在她身边。每每在她的心门开了一条缝准备接纳我时，我的回应方式却亲手又把她的心门关了起来，周而复始，她的心裂了，也碎了！这10年来，我不断地学习成长，上了家庭教育、关系沟通、目标设定、自我激励等各种课程，只为改变、弥补与女儿的关系。很幸运遇到了蔡校长，他学识渊博，创立的IGS系统立论清晰、体系完整，最重要的是关于"个人"或"人与人"的各种议题，都能清楚地找到核心问题，简单、快速、直观地解决。蔡校建议我成为一名天赋咨询师，既能解决我的亲子问题，又能疗愈自己、女儿乃至夫妻、家族关系，甚至帮助千千万万的父母，化小爱为大爱，最后福报也终将回报到自己与孩子的身上。

4年过去了，蔡校说过的话一一地在应验，女儿和我的关系在一点一滴地修复，叛逆的初中生活在我耐心的包容、不指责与鼓励之下，初三那年她开始发愤图强，翻转她的人生，后来顺利考上重点高中与大学。女儿跟我说，谢谢我愿意放手，过去她不是真的想逆反，她只是想做自己！现在我们母女俩无话不谈，当她遇到困难、有心事时，总会求助于我，女儿对自己的未来也有很明确的目标，我想这和她长期看到我在咨询时，协助很多父母、孩子解决亲子关系和学习上、未来人生发展的议题有很大的关系，她开始信任妈妈是专业的、真正是在改变的、是言行一致的。跟在蔡校的身边已经10年了，这10年来上了体系里所有的课，并成为IGS最专业的特级天赋咨询师之一，我协助了几千个家庭因为遇见IGS而改变，迎向更美好的未来。

这十年来，自己从一开始的不知所措、焦虑、担心、恐惧、害怕及无能为力，进而逆转女儿的人生，同时我承接过无数的厌学个案，抑郁、双向情感障碍、躁郁、自闭、多动症、自残等棘手的个案。这些过程既是学习也是自我疗愈，它是一个利人又利己的历程，虽然现在几乎每天都有咨询不完的个案，但每次的咨询都让我提升了自己存在的价值和使命感，我发誓要协助更多的父母、帮助更多孩子成为最好的自己。

了解，帮助孩子走出生命的阴霾

——生涯（职业）规划师导师：黄小卫

托尔斯泰说："幸福的家庭拥有同样的幸福，不幸的家庭各有各的不幸。"

在20年的家庭教育生涯中，我看到了优秀的孩子各有特质，问题孩子各有各的问题。而家庭塑造人，问题孩子背后都有一个问题家庭和一对问题父母。最大的问题在于"不了解"——父母之间不了解，父母对孩子不了解。当不了解对方的时候，人总是以自己的本性去理解对方，并做出"为对方好"的行为。

但是，"我是谁？"这个问题却是很多人生命中的困扰！

2004年，我设计了针对7~12岁学龄孩子的训练营——多元智能戏法学堂，并设计了MQ轮，评论孩子训练前后八大智能的变化，从而找出孩子的潜能。当时只有观察法和问卷法，这些方式是主观的，所以我一直在寻找科学、客观的评量方式。直到2016年，我遇到了蔡子申老师的天赋智能测评体系。通过对自己、家人和身边朋友的测试，我发现天赋原智评量客观、科学，它改写了多元智能的评量方式。于是，我马上跟随创始人蔡老师学习，也一直期盼老师把这套理论体系写成书，惠及更多人。

5年来，天赋评量运用在解决家庭教育问题、亲子关系问题、孩子心理问题上，效率明显提升，这样的成效更是以前难以达到的。

差点被"自闭症/认知障碍"毁掉的围棋小天才

4年前,一名年轻妈妈找到我时,一脸的憔悴。她的儿子还没满4岁,平常不怎么说话,在幼儿园调皮多动、爱打人,老师怀疑孩子是"自闭症""多动症",叫父母带去医院检查,医生诊断为"认知障碍、感统失调、轻度自闭症、多动症"。可想而知,当时这名妈妈多么焦虑。

通过我们的沟通,这名妈妈给孩子做了48项天赋原智评量。当妈妈捧着孩子的报告书,有种"真相大白"的感觉。

孩子天赋的学习模式是"自我对话型",不喜欢表达,好奇、好动是他的天性,老师、医生判断的就是他的天性呈现。孩子是"肯定赞美型",需要通过更多赞美、肯定,帮助他建立自信心。

接下来,我们跟妈妈做了规划,提供教养方案:顺应他的逻辑数理智能高,核心智能5项全高——这是孩子的天赋领域,从这里激发他的天赋。

妈妈看到孩子才艺天赋列表中排列第2的是棋艺,于是选择了围棋。在妈妈坚定、悉心的陪伴下,孩子逆袭了。在3000多人的围棋团体中,3年来保持局数第一,多的一天下70局,不但拿下当地的冠军,去参加省级比赛时,也出乎教练的意料,拿到了第一名。

第十五章　天性与天赋的实证 | 177

八大原智

- 语文智能 64.13
- 逻辑数理智能 104.66
- 视觉空间智能 84.51
- 自然环境智能 58.74
- 音品智能 72.33
- 肢体动觉智能 83.82
- 人际关系智能 97.46
- 自我觉识智能 66.74

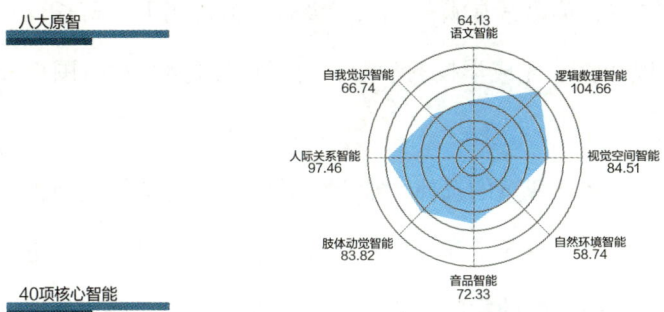

40项核心智能

自我觉识
- 自知能 99.11
- 自省能 43.99
- 自律能 56.37
- 同理能 40.16
- 慈悲能 52.64

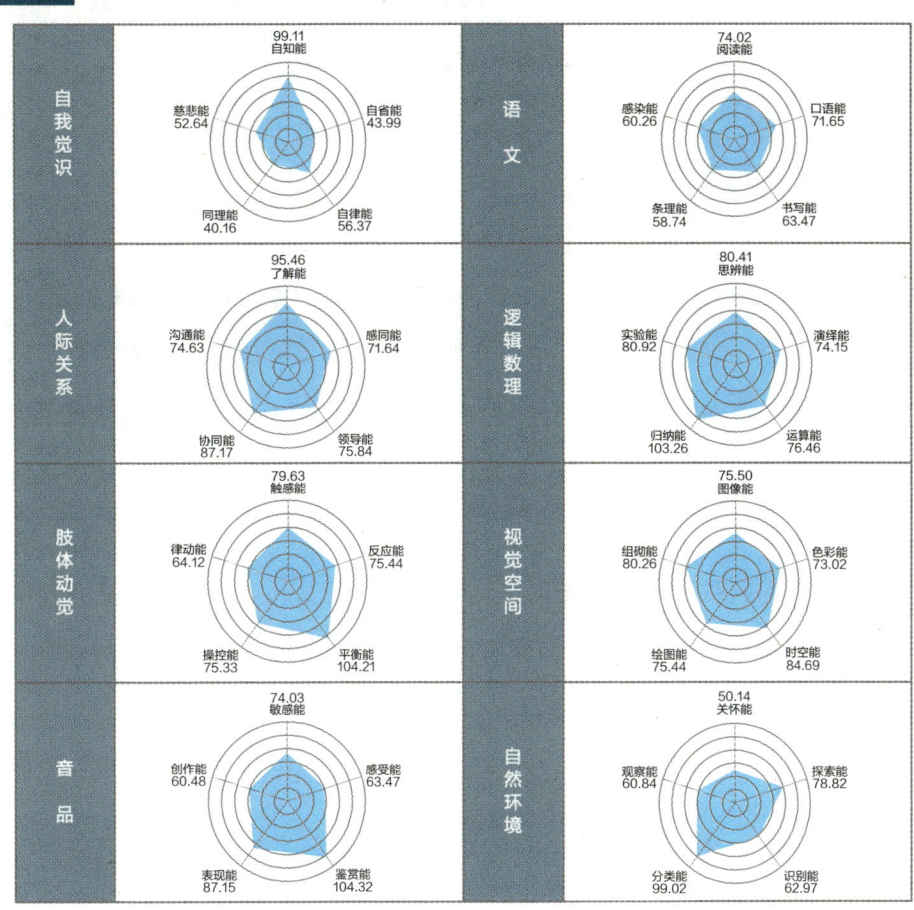

语文
- 阅读能 74.02
- 口语能 71.65
- 书写能 63.47
- 条理能 58.74
- 感染能 60.26

人际关系
- 了解能 95.46
- 感同能 71.64
- 领导能 75.84
- 协同能 87.17
- 沟通能 74.63

逻辑数理
- 思辨能 80.41
- 演绎能 74.15
- 运算能 76.46
- 归纳能 103.26
- 实验能 80.92

肢体动觉
- 触感能 79.63
- 反应能 75.44
- 平衡能 104.21
- 操控能 75.33
- 律动能 64.12

视觉空间
- 图像能 75.50
- 色彩能 73.02
- 时空能 84.69
- 绘图能 75.44
- 组视能 80.26

音品
- 敏感能 74.03
- 感受能 63.47
- 鉴赏能 104.32
- 表现能 87.15
- 创作能 60.48

自然环境
- 关怀能 50.14
- 探索能 78.82
- 识别能 62.97
- 分类能 99.02
- 观察能 60.84

也因为这一项天赋，一年级的他每天自觉完成学校作业，成绩、学习动力棒棒的，数学、语文、英语常常满分。二年级时，他还当上了班长，尽显高人际的特质。现在除了完成学校的学业，每天还保持4个小时围棋的学习和训练。

这个孩子是幸运的，父母智慧的选择，加上满满的爱和科学的规划，托起了孩子的天赋。现在大多数孩子参加课外补习。可是，学习能力不是靠学习时间累积的，在初中之前的学龄阶段，玩是很重要的，"玩"是学习力提升的诀窍。有了天赋原智评量，我们更可以"玩"出天赋！

幻听的青春期男孩

在20年的家庭教育生涯中，遇到不少孩子产生了心理问题，家长因此来求助的。2020年春节后，因为长假在家，爆发了很多心理和家庭问题。

××是一名初三学生，这一年要参加中考。男孩平常读书很自觉，不大让家长费心。有一天，他突然跟妈妈说，这段时间隔壁有两个孩子和大人指责他。妈妈了解了情况，发现不可能听到隔壁人说的话。妈妈很担心，于是来找我。

青春期的孩子出现幻听的案例不少，我警觉起来，因为这是心理疾病，要转到心理专科医院，但也有可能孩子天生听觉灵敏，他真的能听到我们听不到的声音。

因为百思不得其解，经过沟通后，妈妈决定先给孩子做48项天赋原智评量。

第十五章 天性与天赋的实证

八大原智

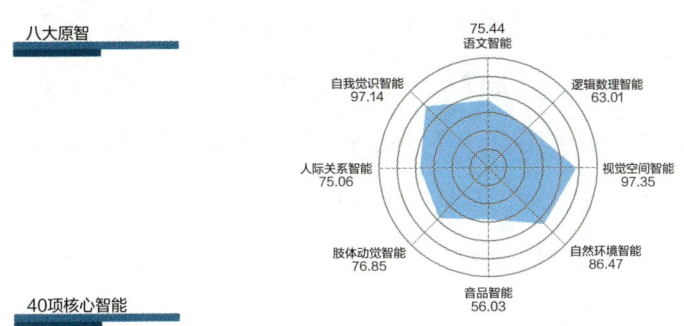

- 语文智能 75.44
- 逻辑数理智能 63.01
- 视觉空间智能 97.35
- 自然环境智能 86.47
- 音品智能 56.03
- 肢体动觉智能 76.85
- 人际关系智能 75.06
- 自我觉识智能 97.14

40项核心智能

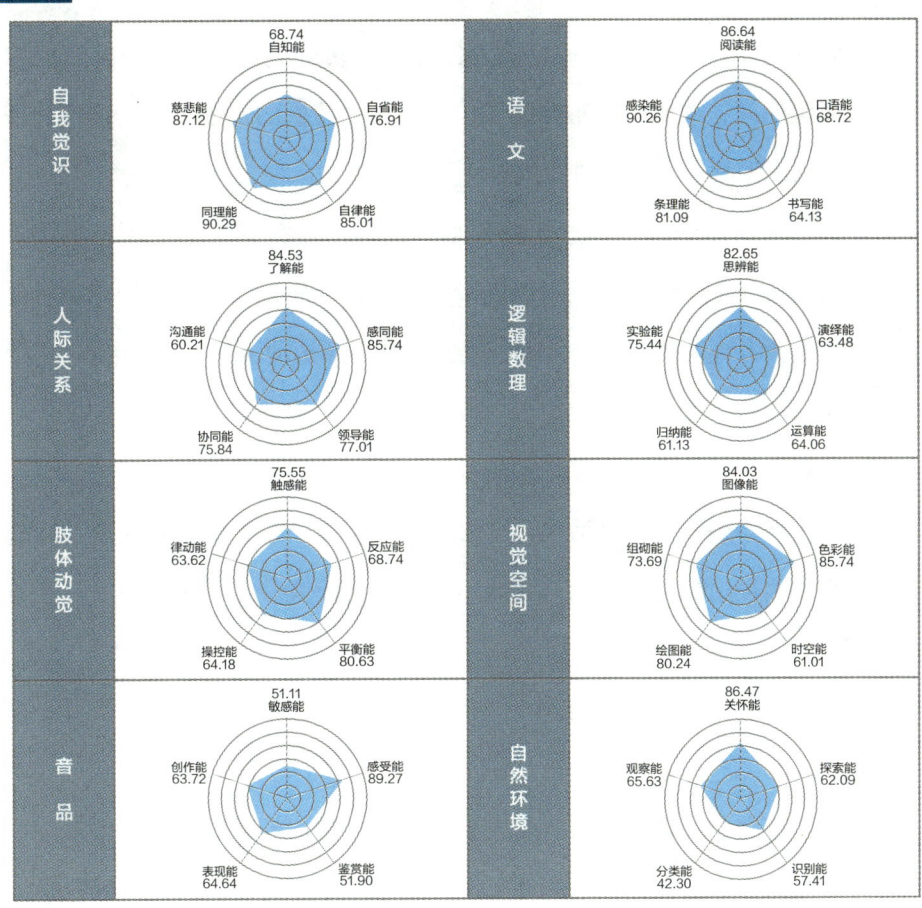

自我觉识
- 自知能 68.74
- 自省能 76.91
- 自律能 85.01
- 同理能 90.29
- 慈悲能 87.12

语文
- 阅读能 86.64
- 口语能 68.72
- 书写能 64.13
- 条理能 81.09
- 感染能 90.26

人际关系
- 了解能 84.53
- 感同能 85.74
- 领导能 77.01
- 协同能 75.84
- 沟通能 60.21

逻辑数理
- 思辨能 82.65
- 演绎能 63.48
- 运算能 64.06
- 归纳能 61.13
- 实验能 75.44

肢体动觉
- 触感能 75.55
- 反应能 68.74
- 平衡能 80.53
- 操控能 64.18
- 律动能 63.62

视觉空间
- 图像能 84.03
- 色彩能 85.74
- 时空能 61.01
- 绘图能 80.24
- 组砌能 73.69

音品
- 敏感能 51.11
- 感受能 89.27
- 鉴赏能 51.90
- 表现能 64.64
- 创作能 63.72

自然环境
- 关怀能 86.47
- 探索能 62.09
- 识别能 57.41
- 分类能 42.30
- 观察能 65.63

测评发现，孩子并不是听觉灵敏，而是对环境比较敏感，需要有独立的思想空间。但是，父母与孩子的沟通原本就存在很多问题，导致孩子没法呈现自己的想法，加上自知能低，内心更是缺乏力量。

妈妈告诉我，有一次孩子躺在床上不愿起来学习，看见妈妈站在床边催，就卷着被子说："我变成这样，都是因为你！"

听到妈妈的这句话，我的眼泪都快掉下来了，更可想妈妈当时的心境。

内在力量不够的孩子不想长大！我把他转介到心理专科医院及时诊疗。住院期间，妈妈一边陪伴孩子，一边参加我们的亲子关系、情绪处理的线上训练课程，开启了自我成长之路。

有心理问题的孩子，家长通常很焦虑。不是孩子有了问题家长才焦虑，而是家长的焦虑导致孩子出现了心理问题。所以，孩子心理疗愈后更需要家庭教育环境的改变，否则，康复是件很遥远的事情。

庆幸的是，这位妈妈一边学习改变自己，一边拿着儿子的评量报告研究如何顺应儿子的天性去陪伴他，不断用天赋强项去激发他。

有一天，妈妈打来电话说："小卫老师，儿子今天拥抱着我说：'妈妈，我突然很想长大。妈妈，我能感受到你很爱我。'"千言万语，抵不过这样简简单单的一句话！

原来，当你懂得如何去爱，爱就能滋养孩子，孩子内在的力量就会生长起来。

非常感谢蔡子申老师团队研发了这么强大的评量系统和课程体系。更期待老师的天赋学问像大树的种子一样，散落千家万户，长出一棵棵幸福的参天大树。

天赋教育是教育的根源

——终身教育工作者：邱碧珣

我是谁？

我是两个男孩的妈妈，某人的太太，和我的先生一起经营着一个小家庭；我曾经是小学教师，也是学校行政工作的管理者；在政府体制里是学校机关的领导者，校长所关注的工作是全面的教育政策与学生的永续成长。

记得小学一年级的作文题目是"我的志向"，仰望着讲台上优雅的女老师，听着她的引导，想象着自己未来会变成什么样：我会穿着整齐的衣服，周边围绕着好多可爱的小孩，家长竖着大拇指赞叹学校、老师和孩子……心中掀起一股暖流，眼中充满无限光明，嘴角扬起希望的微笑……梦想不断在自由的天空飞翔。于是在作文本上写下了：我的志向是成为一名老师。

这一颗希望的种子，真的成就了我，我成为一名真正的教育工作者。投入小学的教育职场教育下一代，同时生养自己的下一代，成为人妻、人母、人师、教育管理者，一步一履的过程，交织出对自己和对教育的许多反思。毋庸置疑，再多的教育理论或学位证明，也无法精准有效地对自己、对孩子、对老师、对家长的问题提供明确的辅导方向。家庭里的亲子关系、班级里的生生、师生、亲师（家长与老师）沟通，校内外及家长势力（校园内与校园外，校方与家长可掌握的权力地位），都会在教育场域里较劲，引爆许多矛盾与冲突，要单纯与专注地把教育工作做好、做满，真的很不容易，危机的根源在于对人性的误解与误判。

回到自己的初心：轻松优雅地陪伴孩子，让他们的梦想可以自由飞翔！这样很难吗？

教室里的小客人

一早，把浑浑噩噩的"豆豆"（长子）薅起来，背上书包和补习班的袋子，呵斥着："快一点，总是丢三落四，你不要害妈妈迟到啊！我是学校的主任不能迟到！快快快……"

到了校门口，千叮咛万嘱咐："在学校要自己解决问题，不可以有事没事就跑到办公室找妈妈，上班时间我是全校小朋友的妈妈，有问题要找你的老师……"

豆豆下车前悠悠地说："我不想当老师的孩子，很倒霉！""以后，我绝对不要当老师！"我没耐心听他胡言乱语，冷冷地说："儿子，下车……下车……下车……"

我凝视着窗外的天空，脑袋放空着，恰巧听到班主任的话："豆豆，你在干什么？"（我警觉地暂停脚步）"现在老师讲到哪里了？你这么不专心，等一下我就去楼上，叫主任（你的妈妈）下来，让她好好修理你……"默默听着一长串老师对孩子的指责数落，我深呼吸，转身回到楼上，心里起伏难受，我问自己："孩子到底怎么了，惹得老师无力招架？"

其实，老师、孩子、妈妈三方，不断地压抑累积许多不解、不满的情绪，多半是自己的无力感，想要做好却无能为力，从而造成种种无法纾解的压力，直到有一天……

班主任终于开口："主任，你们家豆豆……"我听着（压抑着）点头："老师，辛苦了！请你告诉我，我可以做些什么来帮助孩子？"班主

任："孩子是您的，您又是主任，您应该知道怎么做才对啊！怎么问起我来了呢？"（我感到脑袋要着火了）

累积的情绪压力将会是压倒自己的最后一根稻草！这种亲、师、生关系，几乎每所学校每个班级都存在。私底下我和班主任是多年的好友，但我知道我再怎么努力沟通，都将白费力气。于是，我把孩子转回到家的学区，孩子不再随我就读，暂时把亲师生冲突拉开距离。那是我当时唯一能做出的最好决定，即便这是逃避、退缩的策略。

想想，如果当年我有天赋智能评量，明确知道我的天赋天性，知道我自己的个性限制、沟通模式，我就能够更轻松、更安全地聆听，更勇敢坚定地相信我的孩子；如果当年我有天赋智能评量，明确知道儿子的天赋天性，我就更有方向方法，用他可以接受的方式，帮他建立学习模式，减少母子冲突，降低挫折感，建立自信；如果将来所有的老师家长，心中都有一套完整的天赋天性的知识体系，那师长们应该可以轻松、精准地区分并提供适性的行动辅导方案，尊重每个孩子的差异，帮助他们做自己；如果天赋教育真的可以落实在每个人的身上，校校（校长）是名校、班班（师长）有特色、人人（学生）是天才，会不会才能真正落实教育改革的初表：Success for all！人人皆成功的理想境界？

我这样想着，我的教育魂在心底好像再度苏醒了……

关系里的陌生人

所有关系里，夫妻关系是大多数人的头号难题。来自不同的原生家庭，却渴望共同创造美丽的新天地，多少神仙眷侣怀着远大梦想，披上梦幻的婚纱，却不敌耳鬓厮磨，柴米油盐的日常……

相爱8年的情侣，欢欢喜喜走进婚姻的殿堂，高高兴兴迎来儿子的出生。有子万事足，就是双薪荷包不足！贫贱夫妻最残酷的事实，就是经济窘迫的困境。双薪年轻夫妇，收入要支付两份保姆费，要缴房贷，奶粉、尿布算小事，突如其来的医药住院费，真的成了月光族……睡眠不足，金源不足，只有火气最足！

先生：老婆，这个月房贷真的不够了！我先跟我姐姐借好了。（天啊！公婆会知道！）

太太：不要啦！干吗跟你姐姐借啊？！（我才不要让人知道我穷！）

先生：那老婆，拜托你，先跟你姐姐借一下好了。（这太丢脸了，我说不出口！）

太太：不要啦！干吗跟我姐姐借啊？这样会被我爸妈知道。（不行，爸妈会很担心的！）

（太太闷着头，大脑调动所有可能的解决办法，一个一个可能的办法，慢慢浮现……）

（先生紧握拳头，全身压抑所有可能的愤怒羞愧，一步一步凝聚的怒火，一触即发……）

说时迟那时快……

太太很兴奋地开口道：我可以先把我的金饰……（拿去典当，但没机会说完）

先生愤怒地大叫道：这也不行，那也不行，我不管啦！（一个面纸盒竟飞过来）

接着巨大的摔门声、三天三夜自虐式闭门的狂叫……抱着幼子的我，问自己："我做错了什么？宠着我的先生，怎么变成大魔王了？"我仿佛听到恐惧的自己说："我嫁错人了吗？"后来，总是害怕一不小心又踩到先生的地雷，地雷真的不少，像连续剧……

接触到天赋智能评量后，终于知道先生的音品智能高，对财务安全的需求比较高，但我的音品智能很低，排最后，知足常乐；他喜欢轻柔细语，有人专心聆听他说话，而我常听不完整也没耐心听懂他背后的心声，听不懂人家的弦外之意……

尤其先生的人生课题是情绪议题，测评里的相关指标，例如沟通能、触感能、反应能、敏感能、操控能都很高，影响着情绪的触发、强度、反应模式。我终于看懂了先生的苦，因为他深受这种无明的力量左右，身不由己。而我的八大原智图小而圆润，早已习惯逆来顺受。

自知能、自省能、自律能低的他，隐形的没自信，又总是认为别人的问题比较大，我的沟通能低，懒得说服别人，领导同理能最强，人际肢体自我逻辑智能高，内隐就是个架势十足的母老虎。虎妈的控制欲，让夫妻间的亲密关系陷入紧张，爱在流失……

没有谁是谁的right man（对的人）！有了天赋测评做"镜子"，帮助我们看清自己，开始接纳不完美的彼此，真正的理解与宽恕，让彼此在仇恨怨怼中，从深层的潜意识里走出来，回到爱的原点。

莫做人生的过客

豆豆和仔仔（次子），都是在住院安胎的养护下，才能顺产的早产儿。这过程，也让身为父母的我们变得格外神经质，对孩子的安危特别紧张，不由自主地对他们有很多限制与焦虑。

两年前，仔仔从医学院医检系毕业了，也顺利通过了医检师的考试。

毕业典礼前他鼓起很大的勇气，找我深谈，他喉咙哽咽颤抖，眼里噙着一丝泪光。（我心晾在那里半天，心跳也跟着加速：孩子，你怎么了？）

仔仔终于开口："妈妈，我有一个重要的决定，要告诉你。"（憋住气，心里想：我不会要升级当奶奶了吧？）

仔仔终于开口："妈妈，我想重考大学。"（然后他哭了）

我松了一口气说："发生了什么事吗？"

仔仔幽幽道来："我在医院实习半年，发现以后一辈子在后台做检验工作，我可能会受不了，而且未来的发展也有限。看到医院的生态结构，我想和人群做接触，做临床工作，有挑战性也很有趣。"（我看着他越讲越兴奋，灵魂好像从谷底爬升出来，眼神闪着一丝亮光）

我冷静地说："当临床医生很辛苦，你真的想当吗？你现在的想法是什么呢？你想清楚了？"

仔仔说："妈妈，我如果不给自己一次机会去挑战，有可能会遗憾终生。如果我努力尝试后考不上，我会心甘情愿去做我该做的事。希望你和爸爸可以支持我，（又哽咽了），让我重考医学院，我想当医生。"

我欣慰地说："这么难的挑战，你都愿意去尝试，我很欣慰。考试和考运都不是爸妈能帮上忙的，我们只有在精神和经济上做你的后盾！孩子，去拼吧！我们给你两年的准备时间，放手一搏，结果尊重老天的安排，好吗？"

仔仔抽噎："妈妈，其实我很害怕失败，从小到大考试我从来都没考砸过，我很怕辜负你们，很怕对不起你们……"（我心里感慨：到底有多少孩子、多少大人，带着害怕亏欠父母或爱侣，臣服于罪恶感而委曲求全，最后放弃了自己的梦想呢？）

我安慰他说："孩子，妈妈知道你怕，最坏的打算不就是没考上而已吗？医检师也能养活你，能活出快乐的幸福感，人生才不枉此行！家人一直都会陪着你，放手去做吧！"

经过IGS共同创办人黄老师的咨询分析，依据仔仔的48项天赋智能，评估出孩子确实有先驱者、科研者等特质，尤其人际关系很高，喜欢与人接触，热衷团队组织运作。后来，孩子如愿考上了大学，就读自己喜欢又擅长的科系，面对每天繁重的课业却甘之如饴！

三百六十行，行行出状元，心甘情愿，路才能长久。人生不该委屈自己，莫做人生的过客。

插上隐形的翅膀

拥抱天赋智能评量，无法保证你一生顺遂，更无法保证你事事如意，但是，这份天赋智能评量却打开了我对多元智能教育的"心视野"（心灵的不同视角），也解开了我多年来对教育无力感的"心结"！

我的两个孩子曾经被医生鉴定为"亚斯伯格症"（一种因为神经发展出现障碍而导致自闭现象的疾病），但我刻意忘记它，在心里撕掉这个标签！尝试过各种方式，打破限制的框架，让运动、社团、家庭节庆、童乐会为孩子创造更多的可能性。我也从虎妈学习放手，给他们自由。

其实，每个人一出生，老天爷就为我们备齐了种种资粮，盖上了隐形斗篷，等着你自己去领悟、去发掘！

现在，有很好的评量工具用科学化的数据提供重要信息，帮助我们精准认识自己与了解孩子，有了一个客观理性的沟通平台，让我们能抽离复杂难解的情绪困扰，单纯、全面地为自己为孩子建构出理解、信任和欣赏的基础。我就是个从天赋智能评量中获益良多的人。

"天赋和天性"是老天爷赐给每个人独特的礼物，它们就像一对隐形的翅膀，帮助孩子减少挫折，集中力量发展优势，让每个孩子都能人尽其才，为世界带来光亮。

心中响起了每年毕业典礼的祝福歌——《隐形的翅膀》，此时，正四处回荡着！

每一次都在徘徊孤单中坚强，每一次就算很受伤也不闪泪光
我知道我一直有双隐形的翅膀，带我飞，飞过绝望
不去想他们拥有美丽的太阳，我看见每天的夕阳也会有变化
我知道我一直有双隐形的翅膀，带我飞，给我希望
我终于看到所有梦想都开花，追逐的年轻歌声多嘹亮
我终于翱翔用心凝望不害怕，哪里会有风就飞多远吧
我知道，我一直有双隐形的翅膀
隐形的翅膀让梦恒久比天长，留一个愿望让自己想象

如果每个人都舞动着自己的韵律，欢唱着自己的乐章，共同创造着不同的完美，那世界该有多么美……

父母是孩子的复印机

——天赋教育导师：张文芳

父母是孩子的复印机

寒假某日早上，听到客厅传来震耳的欢呼声，没多久又听到一阵叹息声，原来是老公和就读大学四年级的二儿子在看NBA转播，父子俩一起发出相同的欢呼声、叹息声，甚至连表情、动作都一致，果真是"有其父必有其子"。

在欣赏他们的同时，我的脑海里也浮现出儿子在升高一时和他爸爸怒目相向、剑拔弩张的画面，曾几何时自己在这个孩子小学和初中阶段，因为学习状况和上课态度不佳而对他打骂，也难怪他在升高中时将我的打骂回给他的爸爸和弟弟。

我相信很多父母有过以上类似的经历，验证了"父母是孩子的复印机"这句话，除了遗传因素，父母的言行举止、三观（世界观、人生观、价值观）等对孩子的影响很大。

教养的关键是父母

我是一名有三个儿子的母亲，也是IGS天赋智能教育学院特级咨询师与中学的外聘老师。近十年的咨询案例多为亲子教养、个人自我探索、夫妻关系等，却鲜少是为解决与父母的关系而来，但是在咨询过程中，谈到自身或与孩子、另一半的问题困扰时，往往会回溯到自身与其父母的关系，甚至看到自己与孩子的关系正在复制其父母对自己的关系模式，或自己对另一半也是复制其父亲与母亲沟通的关系模式。

婚后五年才怀孕，所以第一胎完全是照书养，第二胎接着养，第三胎是随便养。由于工作忙，孩子的教和养委托给了奶妈、幼儿园及学校老师，直到2012年自己在事业经营、夫妻关系与亲子教养上出现裂口时，才惊觉，我的人生到底怎么了？于是开始用各种方式来找寻自我，算命、上心灵成长课、找教练……直到遇到IGS，感恩蔡校长夫妻，让我从测评中看见真实的自己，从课程中重新检视生命中每个阶段人和事的联结，看清楚真相，慢慢修补家庭关系，从咨询中确定自己人生下半场的定位，就是协助周遭的亲友找到天赋，传递温暖，做更自信、快乐的自己！

"教养的关键是父母""孩子学习好，来自夫妻关系要好"，这两句是我从事亲子教育最常对家长说的话，背后的意义源自临床心理学的一个基本理论：一个人在原生家庭中的关系，决定了这个人的心理健康程度。换句话说：孩子一出生，所有问题的产生皆来自与家庭成员的关系，而父母是最主要的推手。

依我多年的咨询经验，绝大部分的案例是孩子出现状况时，父母才想到通过测评和咨询找到解决方法，对孩子提出数十项的缺点，殊不知问题根源在父母身上，在于父母不正确的教养观念。以下分享两个亲子议题实例，供各位读者参考。

【案例一】"棍棒之下出孝子"的迷思！

自我觉识智能高的父母遇到自我觉识智能同样高的孩子，对子女的学习发展会不自觉地过度掌控，若父母持续采用高压或暴力方式，孩子在幼儿时或许会忍受，但随着年龄渐长，尤其在步入青春期后，与父母对抗的情绪、语言、行为便会随之产生，这也是为什么很多青少年开始有上学迟到、厌学、逃学、捣蛋暴力、早恋、抑郁……的情况发生。

来访者需求：希望改善亲子冲突与夫妻间的冷漠关系，母亲希望能通过测评咨询找到解决方法！

这位母亲的前五名排序依次是人际关系、肢体动觉、逻辑数理、视觉空间和自我觉识智能，分数都超过100分，非常高。表示妈妈在想法、行为上呈现两极化，只要妈妈心情好，不谈孩子学习，彼此拥抱和乐，相安无事。但另一方面又非常严谨、注重程序，儿子的一举一动都要在自己的监控规定下进行，一不如意便责骂怒吼、情绪失控，进而暴力以对，偏偏遇到自我觉识、肢体动觉智能也高的儿子，非常有个性，敢表达也暴怒。儿子视觉空间、语文智能也高，怕麻烦，喜欢做自己，追求自由、有创意的生活，即使上了小学，面对母亲责骂怒吼依然是我行我素，因此母子间只要一谈到学习就冲突不断、鸡飞狗跳。

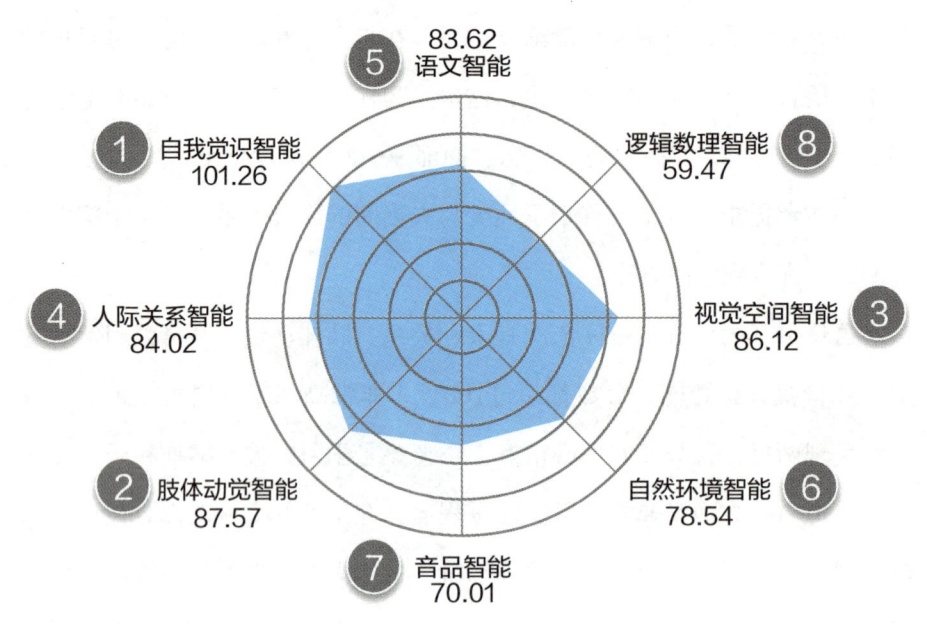

儿子的图

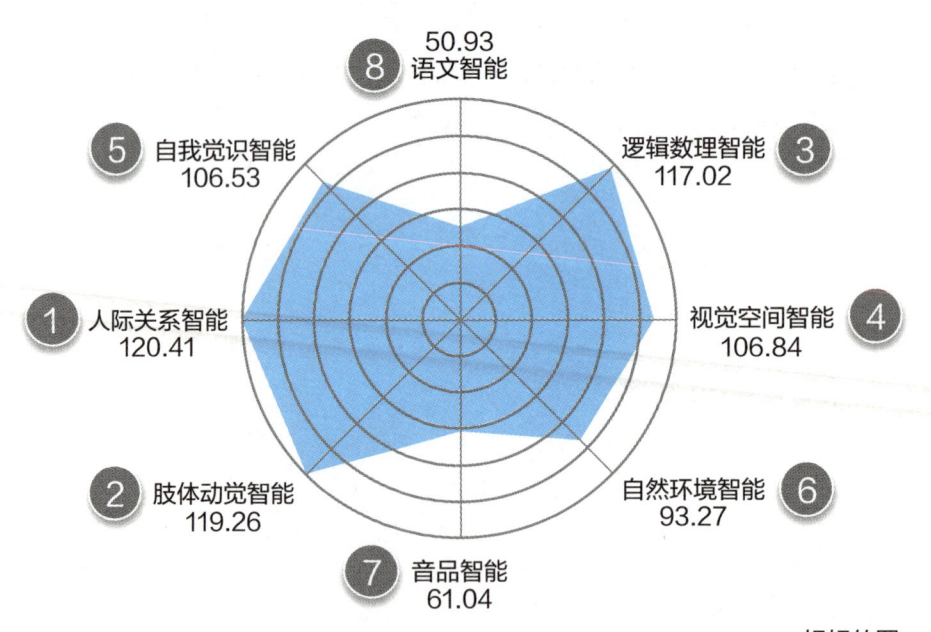

- ⑤ 语文智能 83.62
- ⑧ 逻辑数理智能 59.47
- ③ 视觉空间智能 86.12
- ⑥ 自然环境智能 78.54
- ⑦ 音品智能 70.01
- ② 肢体动觉智能 87.57
- ④ 人际关系智能 84.02
- ① 自我觉识智能 101.26

妈妈的图

- ⑧ 语文智能 50.93
- ③ 逻辑数理智能 117.02
- ④ 视觉空间智能 106.84
- ⑥ 自然环境智能 93.27
- ⑦ 音品智能 61.04
- ② 肢体动觉智能 119.26
- ① 人际关系智能 120.41
- ⑤ 自我觉识智能 106.53

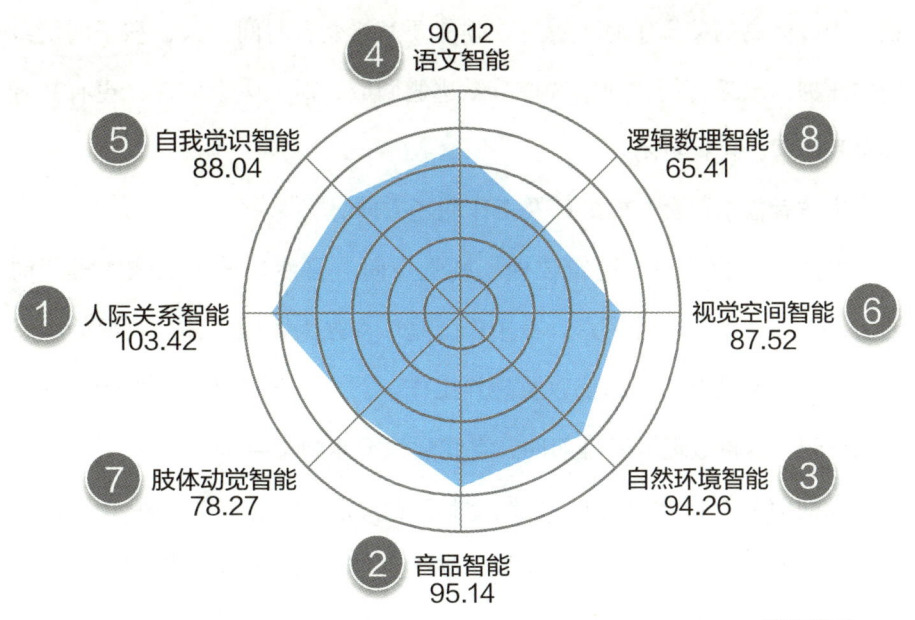

雷达图：
- ④ 90.12 语文智能
- ⑧ 逻辑数理智能 65.41
- ⑥ 视觉空间智能 87.52
- ③ 自然环境智能 94.26
- ② 音品智能 95.14
- ⑦ 肢体动觉智能 78.27
- ① 人际关系智能 103.42
- ⑤ 自我觉识智能 88.04

爸爸的图

老公工作忙碌，常常三更半夜回家，人际关系、音品、语文智能高，尤其在意孩子在别人面前的表现，包括学习成绩、生活礼仪、态度等。又因父子二人语文智能都高，所以时不时就会针锋相对、互不相让，甚至上演肢体冲突，亲子关系大打折扣，孩子更是不愿意去上学，令父母非常担忧！

经过咨询，妈妈更了解孩子并提出解决方案，也得知原来老公的父亲也是通过打骂教育他，而老公从不回嘴、还手，长大后拥有一份稳定工作，所以老公认为对孩子打骂是正常的，真是"棍棒之下出孝子"的迷思！

【案例二】"我行，你也行"的迷思！

自我觉识智能高的父母遇到自我觉识智能低的孩子，对孩子的学习发展会不自觉地过度掌控，而孩子往往逆来顺受，即使表达想法，往往被自我觉识智能高的父母忽略、责骂或强势要其接受，时间一久，孩子的情绪向内压抑，缺乏自信，开始选择沉默逃避回应，对人失去信任，更有甚者会自我伤害、自我封闭。

来访者需求： 女儿的抑郁及工作职场方向。

母亲的自我觉识、逻辑数理、视觉空间、自然环境智能依次排序前四名，人际关系智能排第六，在工作上是个女强人，因身体出状况而半退休，咨询主要是女儿有抑郁以及想换工作。女儿是肢体动觉、人际关系、视觉空间、逻辑数理智能排前四，自我觉识智能则排第六。

咨询前分析母女测评的对照，母亲是强势掌控、固执主观、批评严厉；女儿则是委曲承担、担心恐惧、缺乏自信，如同老虎妈妈遇上兔子女儿般的情节。

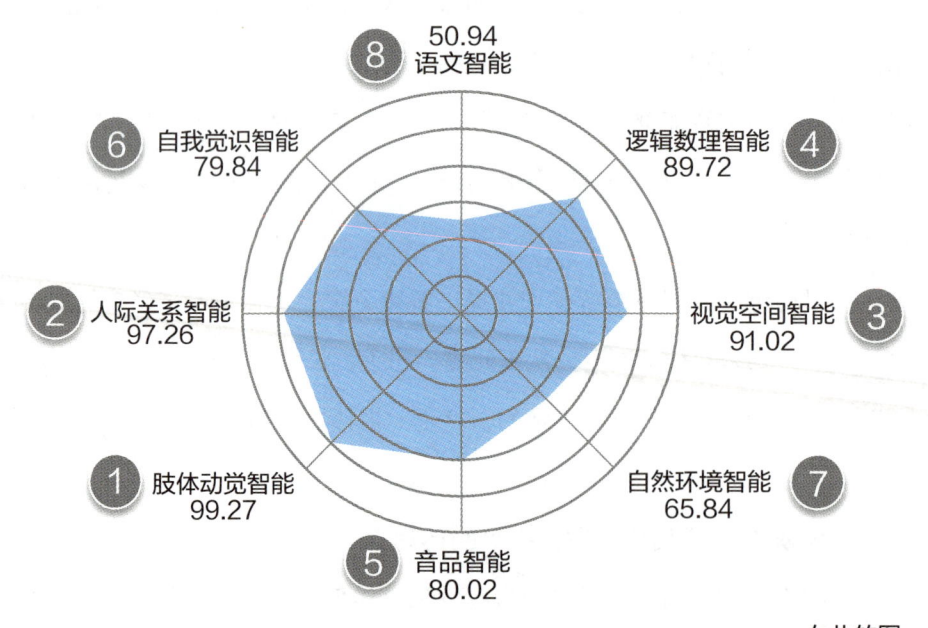

8 50.94 语文智能
6 自我觉识智能 79.84
4 逻辑数理智能 89.72
2 人际关系智能 97.26
3 视觉空间智能 91.02
1 肢体动觉智能 99.27
7 自然环境智能 65.84
5 音品智能 80.02

女儿的图

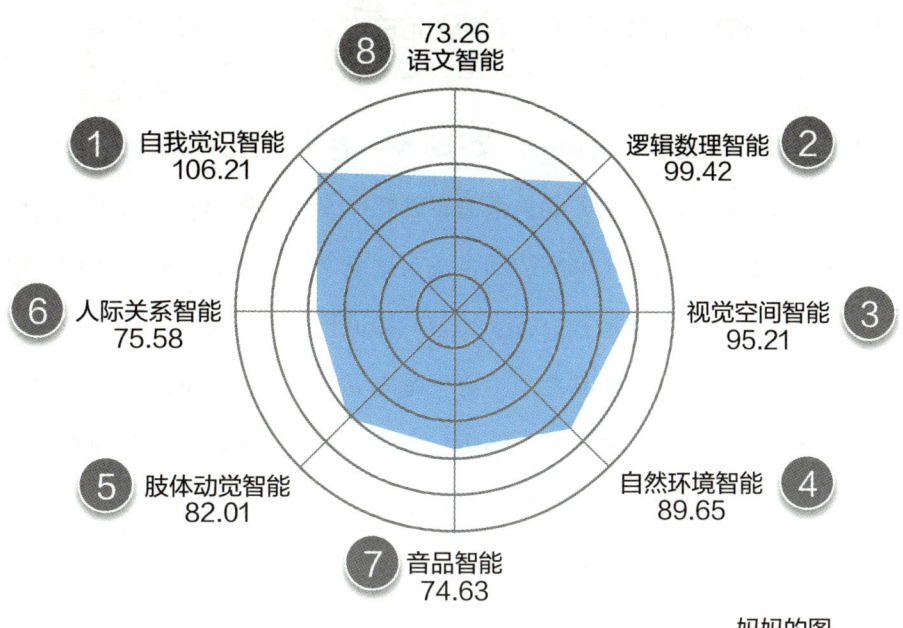

第十五章　天性与天赋的实证 | 195

```
        8  73.26
           语文智能

1  自我觉识智能           逻辑数理智能  2
      106.21                99.42


6  人际关系智能              视觉空间智能  3
      75.58                   95.21


5  肢体动觉智能              自然环境智能  4
      82.01                   89.65

        7  音品智能
           74.63
```

妈妈的图

咨询当天母女同来，果真印证测评分析，26岁的女儿走在母亲后面，目光低下，显得畏缩，母亲用眼神脸色下指令要其坐下，可以感受到女儿的不安和恐惧。我立刻说明咨询的目的是让母女更理解彼此，让母亲不要再用她的方式去爱女儿，所以会先谈母女个性的异同；之后会单独与女儿谈，身为咨询师的我们明白，绝大部分家长认为千错万错都是孩子的错，却忘了自己才是造成孩子现况问题的推手。我要求母亲先不表达意见让孩子说，从小到大这位母亲一路安排女儿的学习与交友，也包含学业及工作，咨询时女儿的回答声音非常小而且小心翼翼，生怕母亲严厉的眼光指责。直到母亲离开咨询室时，才看到她稍稍放松，但仍会不时转头看门外，即使母亲的爱让她无法呼吸。善良的她在咨询过程中也没有过多的抱怨与指责，认为都是自己不好，因为母亲从小到大就是佼佼者，严厉的外婆对母亲的所有安排，母亲都能做好，有自信、有能力，反观自己就是因为没能力才让母亲事事操心。真的是道破许多家长"我行，你也行"的迷思！

通过咨询，我们让案例一的父母了解，孩子暴怒的情况受父母的影响很大，父母必须先建立夫妻关系的亲密感，改变沟通模式，参加家庭成长课程，让孩子做主安排家庭活动，成为这个家庭的增温方式。案例二中的女儿，最大的改变就是脸上有了笑容，知道自己原来是有许多能力的，能宽容接纳妈妈对自己的掌控与不尊重是先天的性格。咨询后母女拥抱，妈妈很明确地告诉我，她要学会闭嘴与倾听、尊重，不再使用眼神脸色暴力。妈妈报名了舞蹈才艺班，乐在自我学习，当焦点不是一直放大孩子的缺点后，自己快乐，孩子也轻松了！

父母能为孩子复印的是绽放的天赋

以上两个案例，案例一中的爸爸，他的父亲用"打骂"教育他，他可以接受，为什么他的儿子不能接受，反而暴躁易怒，并与爸爸大打出手呢？案例二中的妈妈，从小能接受母亲的所有安排，并且做得很好，为什么女儿接受安排后却抑郁、害怕与人接触呢？

父母是孩子的复印机，教养过程中会不自觉复印自己父母的教养方式转为对待孩子，认为这些是孩子要的，却忽略了每个孩子都有自己的天性与天赋，都有其适合的学习模式，要适性教养而非套用同一个模式，也就是"先懂孩子再懂教""不懂孩子怎么教"，教养前的理解特别重要。

依据这些年的咨询经验，我总结以下几点。

首先，最重要的就是让父母、子女通过IGS测评了解彼此在先天个性上的异同，比如自我觉识智能低的孩子，先天就是不自信、不独立、不喜欢承担责任等。而自我觉识智能高的父母，先天就是自信心强、独立，从测评中找出问题症结点及原因。

其次，学会接纳，接纳目前孩子的问题，接纳孩子的先天个性特质，接纳先天强项与弱项的天赋能力，更要接纳孩子与自己的不同。

再次，改变与孩子的沟通模式，带着好奇，用引导式问句，先倾听再给予自己的想法建议，然后陪伴与等待。

最后，父母一定要进行自我学习与实践，从自身做起，先磨亮自己的天赋剑，才能复印给儿女，让其自身的天赋发光、发亮！

生命的蜕变，靠契机创造奇迹
——家庭教育中心创办人　郭少敏

我是来自广东省江门市的郭少敏，土生土长的江门人，是当地一所家庭教育机构的创办人和负责人，多年来接受本土多家中小学的邀请，成为学校的心理顾问，并广受教育部门邀请，对各学校心理老师的沙盘游戏技术及实用心理学进行培训，同时在本土的电台担任客席主持，参加分享与家庭教育相关的访谈节目，不知不觉，在家庭教育领域已经有二十个年头。

在接近不惑之年，与蔡校长的体系相遇，与真正的生命教育相遇！

不惑之年的内在觉醒

每个人都有一个属于自己的生命故事，有的精彩无比，有的平淡如水，而我，则属于"一个平凡人，却做着不平凡事的那种人"。用蔡校体系的术语来讲，我就像"外星人"，拥有高能量的大圆图，我的行动力强，擅于与人交往，处理事情按部就班，虽然有时也会不按常理出牌，却也能得到不错的效果，我决定做的每一件事，也都很容易做到最好，因此，在事业上我很容易获得别人的信任！

四年前的我即将迈入不惑之年，忽然有个念头跑了出来："我是谁？我该做些什么？我未来可以做些什么？……"

2016年的夏天，原本经由佛山黄小卫老师引荐，早就认识天赋原智测评体系了，但期间我一直在忙经营了18年的心理教育工作机构，当时沉浸在我的家庭教育领域里，正没日没夜地服务于很多如孩子厌学、多动、情绪、亲子关系等的案例辅导与各种训练，并没有多余的精力把"天赋"这个学问列入我考虑的事业项目里，而这样忙碌的付出多年后，也没见得这些案例有显著的效果。正在纳闷与无助的时候，也许是上天的引领，2019年的夏天，机缘下我来到了佛山，再一次近距离接触到天赋原智体系，在听了仅仅两天的"启动天赋"课程后，就对蔡校阐释的天赋教育深深着迷，从学习到体会，到决定加入IGS，整个过程让我的视、听觉全面打开，不由地赞叹这套体系的庞大与智慧。

课程当天，我懵懵懂懂地了解了自己的八大原智图，在聆听伙伴们解读的同时，隐隐约约感觉到，我寻觅多年的工具终于出现了。也许，只有借助这个测评工具，读懂人性，才可以让家长和孩子读懂彼此，才可以做到传说中的因材施教，才是我想要的结果。

在普通的家庭里，也有感天动地的生命故事

幸福的家庭，是丈夫被尊重，妻子被宠爱，孩子被看见。而在我们理所当然的认知里，孩子应该听话，守规则，不应该顶嘴，不应该沉迷电子产品……父母应该管教孩子、应该严厉……父母讲道理是对的，父母限制孩子玩手机是对的……一切都埋没了人性所需，于是，鸡飞狗跳的日子来了，母慈子孝的场景难得一见。2019年10月，我开始了传递天赋教育、天赋幸福学的旅程！

我们开始了沙龙分享，创造一个又一个的机缘，协助孩子先进行单项测评体验，接受家长咨询，从孩子的情绪问题、学习能力、亲子关系、性格行为偏差等案例开始，一个个家长开始接受IGS的介绍，收听公益课程、单项优势天赋和人际关系测评和解读，体验后每个家庭都啧啧称奇，也开始了进行家庭教育的规划，历程为期3个月。刚开始来进行家庭规划的家庭，会先安排专业咨询师解读内容，了解孩子出问题的种种原因，也获得了很多有建设性的建议。然而我发现，大部分做了测评的家长拿着报告，仅凭90分钟的咨询，还是一脸懵，该如何执行？该如何扭转亲子关系？因为孩子的厌学、多动等不良行为还是在每天上演着。我看到了家长们内心的需求，原来他们渴望有个人可以带领，犹如盲人需要拐杖或导盲犬。我们的二次咨询团队整装后，在1个月后迅速上场，每个测评前的家长，我们都承诺，只要跟随IGS的测评报告，跟上辅导老师的脚步，只要父母愿意学习和改变，孩子的成长就指日可待，家长期待解决的问题一定会迎刃而解！或许是我在心理学和家庭教育20年的背景经历，或者说，其实是蔡校的体系给了我如此强大的信心和底气！

我们协助了被医疗机构诊断为"抑郁复发"的12岁女孩小薇，根据48项测评结果，妈妈勇敢地通过三年的学习，帮助女儿摆脱抑郁症药物，成功返回校园，更自信地登上了属于她的歌唱舞台。

我们协助了妈妈带领她那个感统失调，却很贴心的五岁小女儿不再动不动就说"不"，成功地引领她成为可爱的小厨娘。

我们协助了桐桐妈妈看见自己，经过一年多的操练，把自己训练成了"专业"的手机摄影师，自信的妈妈回来了，自信的孩子自然也回来了。

我们还协助了李妈妈看见虎妈的自己，看见被自己限制了多年的孩子的懦弱与退缩，妈妈的改变还原了一个自信与阳光的孩子。

我们也协助了5岁因语言发育不佳、行为回应拖延而被医院诊断为"轻度自闭症"的晓晓，他的48项里有太多被人误解的数据，而妈妈对测评笃定的认可以及努力地学习和验证，让孩子以健康的身心来到了一年级的校园。

太多的故事无法一一阐述，而这些平凡家庭中，每个故事都隐藏着巨大的感动和喜悦，我们看见，一个个鲜活的生命绽放了！

测评与咨询给予了父母怎样的洞见？

在中国，大部分传统的家庭教育一直都是"父母说，孩子听"，这样的教养观念从孩子出生一直到长大成人，让无数孩子成了听话的、没有个性和思想的一代。同时，父母对孩子的期望一点也不少，要出人头地，对社会有所贡献，那是很多家长认为不过分的期望，却忽略了这个过程给予了孩子巨大的压力和抑制，一直到孩子成长过程中问题出现，如自残、离家出走、沉迷游戏、厌学等，才惊觉：孩子怎么了？父母怎么了？我的教养怎么了？

当测评报告呈现出亲子之间性格差异、行为模式的不同以及孩子无限可以塑造的可能，一句句的"原来如此"唤醒了父母！

作为教育工作者，我们的定位是什么？我们可以做些什么？

写到这里时，我想到了"灯塔"，它能照亮航海者在茫茫大海里前行的方向，没有恐惧，只有笃定前行的决心。

而我们作为教育工作者，借助天赋测评，给予家长和孩子最接地气的温暖陪伴，陪伴他们走过一段暗淡的时光，陪伴他们找到彼此理解、彼此接纳的通道，也许我们的一句话、一个提醒，就可以给这个家庭会创造一个奇迹，这些奇迹就是给予我坚定地应用蔡校体系的力量所在！

最后，感恩蔡校的智慧，感恩IGS团队的贡献，感恩所有的遇见！

丢掉药物，还给孩子正常人生

——从平凡迈向不平凡的妈妈：碧雁

我来自广东江门。今天以一名普通妈妈的身份分享我在做了天赋原智测评后一年里，一家人改变的故事。我想跟有着同样教养问题的您分享，如孩子不听话、有情绪、不自信，等等议题中我的经历与体悟。曾经用错方式爱孩子的我希望能给到与我一样是家长的你一些启发。

我家有本难念的经

我有两个女儿，大的今年9月升初一，小的今年升一年级。大女儿求医治疗效果不佳，小女儿管教不听，经常被老师批评注意力不集中。

先说大女儿。大女儿在上五年级时，突然一改优秀的品质，作业拖延，经常暴怒，在老师和父母的严管下，她渐渐不愿意和人沟通，莫名哭泣，整个人变得很冷漠，茶饭不思。

小女儿活泼机灵，是个好奇宝宝，同时好胜心也很强，口中常常说"不""不要""不行"。从幼儿园起，就经常被老师投诉坐不住，注意力不集中，跟同学打架。

看到两个女儿这样，身为母亲的我很焦虑。首先将重点放在大女儿身上。我和先生商量一同带大女儿去广州看心理医生，当时医生判定孩子很小的时候就有抑郁症，并开了药吃。我和先生按医生的建议，多带孩子外出旅游，经常陪伴聊天，送孩子出外游学，参加夏令营，等等，这样坚持了大半年，但她情绪依旧，反复暴怒。

随着年龄的增长，姐妹俩没有一天让我和丈夫省心过。小女儿在幼儿园被批评了，回家也经常"惹"姐姐，吵架、拍桌子、摔门，有时还和姐姐动手打架。我和丈夫对吃药的大女儿说教，让她礼让妹妹，她就索性不说话，渐渐地把沟通的门关上。对她宽松放任，她又和你摆烂，破罐子破摔。吃药并没有给大女儿的情况带来明显好转，而且吃药期间她整个人没有活力，无精打采的。整个家庭频繁地硝烟四起，让脾气本来温和坚定的丈夫，也忍不住经常"教训"两个孩子。对我这个母亲而言，家是一个鸡犬不宁的战场，像火山快要喷发了。

改变一切的最好决定

为了寻求更好的方式解决大女儿的问题，在2019年10月国庆节后，我找到少敏老师做沙盘。从她那里我也得到这样一个信息：有些个案在天赋测评和正确的教养方式协助下，抑郁痊愈了。于是我抓住这个机会，做了两个女儿的48项天赋原智测评和夫妻的八大原智测评。大女儿的测评和医生的诊断比较符合，40项核心智能中，自省能分数相当高，小女儿也是，这样的孩子很容易自责，遇到挫折会鞭打自己，千错万错都是自己的错的天性特质。于是我带着大女儿参加2019年11月在佛山举办的启动天赋两天线下课程，老师说，没有父母的48项天赋原智测评，很难点亮父母的心灯，从而带动到大女儿。于是我毅然决然地做了全家的48项天赋原智测评。

照见自己也照见孩子的心灯

48项天赋智能测评显示：我的视觉智能、自我觉识智能和肢体动觉智能都破百，我在天赋角色中是一个逐梦联结者。另外逻辑数理智能也是相当高的，这类型的人做决定都会比较保守，凡事一步步来。加上智能的分数高，图大能量就强，天生有虎妈的特质，怪不得别人说我女儿怕我。

测评的咨询也找出了自己内在的恐惧与幼时的回忆。小时候曾经寄住在亲戚家三年，在这三年里，我体会到什么是寄人篱下。从小一直被压抑长大，多年来过着纠结、表面上不敢争取自己所要，内心却很挣扎的生活。这种不配拥有的矛盾心理，压着我的梦想、行动与人际互动，于是我把所有的希望不自觉地放在孩子身上，认为所做的一切都是为孩子好，也复制了我父母的管教模式：虽不打孩子，但用苛责、严厉的语言，挑着孩子的缺点放大批判。

从测评中清楚看到大女儿自我觉识智能破百排第一，自省能分很高，自知能分数低，天生很有主见，阳光自信，但内心敏感脆弱，需要被爱，被鼓励。身为母亲的我却经常用负面语言伤害她。咨询后，我跟丈夫说："把医生开的药扔了，她是个正常的孩子。"

小女儿的测评报告在情绪议题的智能分数与大女儿雷同，加上有"不公平"与"专注力"的议题，姐姐已经往抑郁钻了，难道就这样不管不顾，任其发展下去吗？两个孩子要怎么教？我不甘心，因此我做出决定，走上IGS测评体系与蔡校开的"传家宝父母学堂"的学习之旅。

照亮自己，引领他人

我很认可天赋智能这套体系，它的博大精深让我选择相信，听话照做。我先从"启动天赋"课程入门，到"传家宝父母学堂"的线下课程，到在线所有会客室、公益课、微课，还有八大原智解读师的课程学习，我从没落下一堂，我就是要学习改变，鼓起勇气追梦：活出自己，绽放自己，做女儿的领航人。

在测评的提醒下，几十年来从不运动的我，每天开始早起操练运动。运动可以让自己情绪稳定，提升专注力。从不爱阅读的我，也刻意培养自己的阅读习惯，并组织过在线和线下的学习分享，越分享自己的收获就越多。另外我还带领家长成立读书会，天未亮就进行好书领读，成立正能量社群……渐渐地，我的分享影响或者说感染了一批家长，激发他们进入了八大原智解读师的学习当中。

现在，我也找到了人生下半场努力的方向——成为天赋咨询师，跟着老师进入个案辅导当中。我所做的这一切丈夫和两个女儿都看在眼里，也点燃了大女儿内心的那盏灯。她已经从医生判定要长期吃药当中解脱出来，敢于站在几百人的舞台上参加歌唱比赛。在大女儿14岁时，我给她做了出类拔萃测评（高考定向），为她将来的专业选择做好的学涯规划，现在的她根据测评指引，顺利重返校园，内心很坚定，正朝心中的目标奔跑。

当然这一年，我和丈夫除了对大女儿特别用心，在小女儿身上也花了不少心思。小女儿在学习上也慢慢上了轨道，她每天保持开心地出门上学，尽全力完成作业，保持学习的兴趣与力争第一的精神，都让我们觉得努力是值得的。测评显示她有画画的天赋，因此有画展时我们必定带她去参观，给她画画环境的熏陶，在我的朋友圈，我经常分享小女儿画画很专注的事。看着她可以专注两个小时在画室，这点也应验了蔡校在课堂说的："兴趣是提升专注力的良药。"通过教养模式的改变，现在小女儿很独立，想象力和创意性也很丰富。慢慢地看到她越来越自信，身为母亲的我甚感欣慰。

我的孩子，是IGS天赋智能教出来的

两个女儿都很支持我用她们的生命故事分享和推广IGS，大女儿说："妈妈，要是IGS测评普及就好了，我的那些同学就不用那么辛苦。"小女儿说："妈妈，等我长大了，要做蔡老师那样的老师。"

带着两个女儿美好的愿景，我们家的天赋故事分享也接近尾声了。特别感谢我的两个女儿，是她们引领我走入IGS，感谢我的丈夫默默的支持，测评让我了解他和我的相同点和差异性，是测评让我们读懂孩子，重新进行针对性教养。

我的天赋故事还在继续，而你呢？是否做出改变的第一步了呢？

用数字和图表解开心结

——心理咨询师：家洁

曾经，人的内心世界对我来说是极其神秘且黑暗的。高中时期经过信仰的救赎与洗礼，对人的理解转向了光明，也开启了听秘密的生活：学校下课时间，总有人来到我旁边说："家洁，我可以跟你聊一下吗？"晚自习回到家，每晚总有不同的来电，诉说着他们心底最沉重的心事。

大学时，一番波折踏入心理学的学习领域，也持续走入一个又一个人的内心深处。对我来说，像是拿着指南针进入迷雾森林探险，若有斩获，可能听见的回应是："对！你把我说不清楚的问题都说清楚了！"眼前的愁眉苦脸转为笑颜。

时不时，也会有许多的心情带着更多的眼泪，我聆听着、理解着、陪伴着，有时似乎比对方更了解他自己，看见了方向。然而，助人的历程也不总是这么顺利，常常我也会觉得无助，感到无能为力，尤其是当对方无法清楚表达自己的状态下，我似乎也只能陪他一起在迷雾森林中迷路。

我祈祷着，能不能多做点什么？

当我第一次拿着儿子的48项天赋智能主评量，看着那些图表时，心里甚是惊奇：律动能45分！每次教会活动中要他领唱诗歌时，他就开始臭脸，有时甚至离开位置推门出去，原来不是因为唱诗歌引起他的反感，而是因为带动跳啊！此后，我会先在家带他预习要唱跳的动作，唱诗歌的时光就能够融入了。

当我拿到自己的评量时，发现人际关系中的了解能在核心40个细项中排第一，原来听秘密本来就是我的最大潜能，而每个信任我、向我倾诉心事的人，都不断地帮助我操练这项潜能，协助我顺利走上助人的道路。深深感恩！

或许是上帝聆听了我的祈祷，手上有了这份评量，探入迷雾森林的工具就不只是指南针，还有每个独特心灵的内心地图。即使求助者无法表达清楚内心的纠结，通过这份评量的展开，我也能探入他的内心世界，看见那难以言说的痛苦与迷惘是如何交织而成的，并且使用求助者内心的潜能来协助他走出迷雾森林。

我说不清，但我却能处理所有的心理困扰或关系的结，我确实在助人，对每个来到我面前困苦的心灵，都能有效陪伴，指导他们找到正确的方向。

求助者有陷在忧郁的情绪中难以自拔的人，有逃避上学的青少年，有想厘清内在自我、重新整顿人生的成人，也有婚姻走不下去的夫妻，而亲子关系的困扰常常伴随需要处理的夫妻关系。当然也有在婴幼儿、儿童的教养和生涯、职涯等方面的咨询。

重新回想了许多生命陪伴的故事，我挑选一个经历失婚和癌症打击的女性，跟大家分享我们走过的历程。

当时的她，已经被医生诊断为癌症晚期，父母健在，孩子年幼，面对不知道还有多长的日子，她想好好走完最后的岁月。2020年1月9日是我们联系上的第一天，因为彼此居住在不同的城市，她希望第一次能见面，于是我们约定好月底咨询她的48项天赋智能主评量。那天，我见到一个优雅的美丽女子，人际关系智能、肢体动觉智能分数破百，排在前两位，即使看病也是自己拉着小行李，不喜欢麻烦别人。她体贴地拉着小行李箱，配合我来到指定的地点。

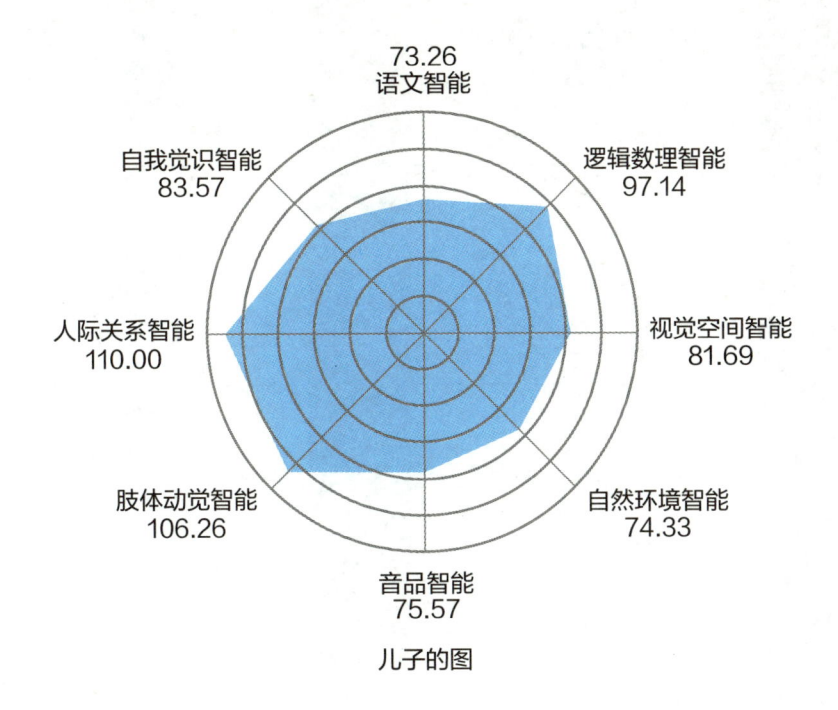

```
                         语文智能
                          73.26
        自我觉识智能                    逻辑数理智能
          83.57                         97.14

    人际关系智能                              视觉空间智能
      110.00                                  81.69

        肢体动觉智能                    自然环境智能
          106.26                          74.33
                          音品智能
                          75.57
                         儿子的图
```

咨询过程中，我解说着48项的特性，她则是回应着、回忆着过去的种种，童年时期，她的确是个有领导影响力的孩子王，这样的特性潜藏在她的自知能和领导能。她曾经差点被父母送人，但妈妈不忍心又接回了家，在她的逻辑数理智能和归纳能的趋向下，她总是有被丢弃的记忆，而我陪同她重新看见：她是被爱的、被珍惜的，重新为她的内心注入新的力量。

40项核心智能

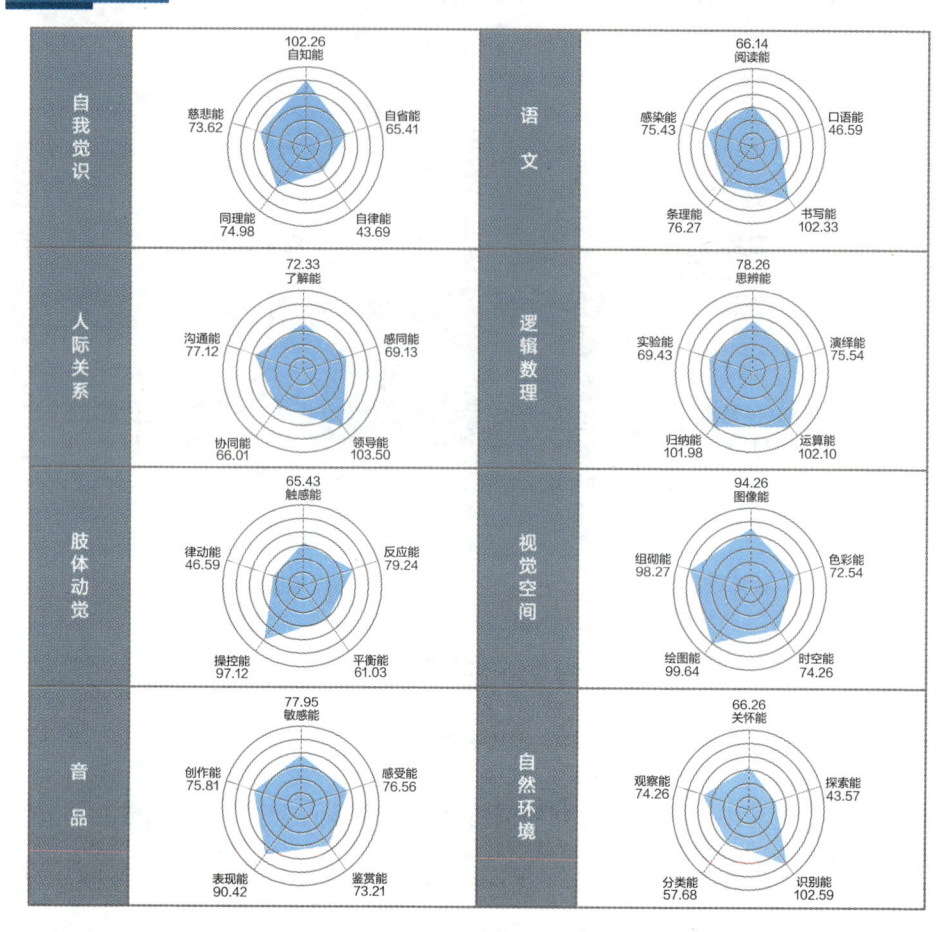

自我觉识	自知能 102.26 / 自省能 65.41 / 自律能 43.69 / 同理能 74.98 / 慈悲能 73.62
语文	阅读能 66.14 / 口语能 46.59 / 书写能 102.33 / 条理能 76.27 / 感染能 75.43
人际关系	了解能 72.33 / 感同能 69.13 / 领导能 103.50 / 协同能 66.01 / 沟通能 77.12
逻辑数理	思辨能 78.26 / 演绎能 75.54 / 运算能 102.10 / 归纳能 101.98 / 实验能 69.43
肢体动觉	触感能 65.43 / 反应能 79.24 / 平衡能 61.03 / 操控能 97.12 / 律动能 46.59
视觉空间	图像能 94.26 / 色彩能 72.54 / 时空能 74.26 / 绘图能 99.64 / 组砌能 98.27
音品	敏感能 77.95 / 感受能 76.56 / 鉴赏能 73.21 / 表现能 90.42 / 创作能 75.81
自然环境	关怀能 66.26 / 探索能 43.57 / 识别能 102.59 / 分类能 57.68 / 观察能 74.26

　　咨询后，没多久她给我发信息说："昨晚睡前，一直想着原来我是被爱的！想想有哪些人爱我，没想到还挺多的呢！以前以为没人爱我，现在开始数爱我的人，然后带着满足和喜悦入眠。以前总是在意不被爱的感受，忽略了背后隐藏的爱。婚姻的不幸，让我感受到妈妈是坚强的后盾。生了一场病，才让我知道爱我、在乎我的人好多很多。在这些不如意的事件当中，我看清了一些事，才有机会成长，有机会认识自己。"

内心最深的纠结解开，她与母亲有了爱的联结。

多日后，她再次发来信息说："哈！今天一早起来就发生一个状况让我的SOP（Standard Operating Procedures，标准作业程序）跑不顺，跑不到我预定的程度，我真的会一直想要去完成，没完成心情就有股说不出来的烦躁！但是当我想起你跟我分析的情况，意识到这种情况下，我可以学着跳脱，给自己一个新的指令去执行，然后发现烦躁的心情不见了！是你的分析让我看见以前自己不能看见的状态。"并积极询问我："我也一直在想那天你说的开关。开关何时打开或关掉，造成的结果肯定不同。这个开关是我可以选择的，是吗？"

因为这个询问，也因为新冠疫情，我展开了为期3个月的在线心理学训练课程，同时协助其他求助者和助人者，增进自我觉察力和自我控制力。

通过48项天赋智能主评量，我看见每个人各有不同的天赋，展现在他们学习的过程中，每个学员都有不同的收获，而她几次的分享，让我不禁佩服天赋角色是执行者的执行力。

她说："昨天目睹爸妈在我面前吵架，激烈的状况引燃了我的怒火，但我竟然可以什么都不做，就看着他们直到争执结束。要是过去，我会跟着搅和进去，帮不上什么忙，还可能让问题更复杂。如今，我不再轻易因为环境让自己陷入情绪风暴里，我可以做旁观者，看着事情发生，然后结束。没有太多自己的评判论断，冷静地看着自己内心的起伏，并思考着。仿佛真的有个三脚架帮我把摄影镜头固定好，让我的内心画面更清楚，不再晃动！"

陪伴她差不多1年的时间，看见她通过48项天赋智能主评量，厘清内心不自觉的倾向与盲点，通过基督信仰的祈祷和心理学的学习稳定内心的改变。台湾省第二波新冠疫情来临之前，她的内心已经没有了遗憾，回到了天上那永恒的家乡。

人生不长也不短，我坚守在助人的岗位上，即使是一个不久于人世的灵魂，都如此渴望重新认识自己，重整过去错置的关系，并有了新的情绪体验。

通过IGS天赋智能评量，我用数字与图表解开心结，让感性的情绪也可以很理性地被理解，让理性的脑袋再次被提升。